JN078133

保証型システム監査の実践

システム監査業務のさらなる深化に向けて

NPO法人情報システム監査普及機構 編

同文舘出版

はじめに

「保証型システム監査」とは，なんて馴染みのない言葉でしょうか！

システム監査という分野が世の中で認識され始めたのは，1985年1月に「システム監査基準」が通商産業省（現経済産業省）から公表され，翌年，情報処理技術者試験にシステム監査技術者という試験が加えられた時からです。

「システム監査基準」には，会計監査の監査基準を念頭に置いて，システム監査人が「保証」するという業務の実施が想定されていました。しかしながら，「システム監査基準」が策定されてから三十数年が経過した現在でも保証業務としてのシステム監査（保証型システム監査）は，ほとんど実施されたことがありません。

それは，「保証」に対する誤解が未だに解かれていないことと，「保証」を意識してシステム監査を実践する機会が皆無であったことが原因と考えられます。

保証型システム監査への必要性は認識されていますが，保証型システム監査を依頼する側が「保証」に対して抱いている過剰な期待と，それを受託する側が「保証」として行うことが出来る業務の内容との違いが障害となって，実現が阻まれています。

双方の思いの違いを会計監査論では期待ギャップと言います。システム監査では会計監査での期待ギャップに加え，システム監査人自身が「保証」に対して過大な理想を抱いていること（あるいは実現不能と思っていること）が，保証型システム監査の普及をより困難なものにしています。

このテキストはそうした誤解を完璧に取り除いて，しかも保証型システム監査を実践する際のノウハウを余すことなく伝授することを目的として書かれています。ここまで踏み込んで書かれたテキストはこれまで皆無であったので，本書を手に取ってもらったみなさまにとって，保証型システム監査を

実施される際に手放せないガイドブックとなることと自負しております。

　現在，みなさまが担われているシステム監査の立ち位置がどのようなものであるかを理解し，より的確な業務として進められる際に役立つものです。保証型と思われていたものが保証型ではなく，助言型と思われていたものが保証型に近いものであることに気づかれるかもしれません。保証型システム監査を正しく認識することで，今みなさまが担っているシステム監査がより深度の深い業務に変わることを大いに期待しております。

令和4年7月2日
NPO法人情報システム監査普及機構
保証型情報システム監査に関する教育・出版事業メンバー

第 2 章
保証型システム監査とは

第 3 章
保証型システム監査の契約まで

第 **4** 章
保証型システム監査の実施

保証型システム監査と助言型システム監査の目的と
その実施方針の違い　152

◆図表目次

番号	タイトル	ページ
図表 1-1	監査の基本的な三者関係	3
図表 1-2	監査の「対象」という言葉の 2 つの異なる意味	10
図表 1-3	システム監査の必要性	10
図表 1-4	助言型システム監査と保証型システム監査の主な相違点	15
図表 2-1	保証型システム監査における言明書の基本構成（例）	23
図表 2-2	保証型システム監査の四分類	25
図表 2-3	経営者主導方式	26
図表 2-4	委託者主導方式	27
図表 2-5	受託者主導方式	28
図表 2-6	社会主導方式	29
図表 2-7	意見表明の種類別対応整理	37
図表 2-8	保証型システム監査の実施手順と留意点	40
図表 2-9	「基」と「規」と「準」の意味	41
図表 2-10	「基準」と「規準」の意味	42
図表 2-11	システム管理基準とシステム管理規準の定義づけ	43
図表 2-12	システム管理基準とシステム管理規準の関係図	44
図表 2-13	規準や言明におけるシステムの管理に関わる表現の違い	45
図表 3-1	言明書中の宣言文の一部（例）	55
図表 3-2	存在確認すべき規程類（例）	56
図表 3-3	経営者主導方式における言明書の作成手順	59

第1章

システム監査の全容と
保証型システム監査の
位置付け

1 監査とは

　「監査」が必要とされ成立してきた歴史を見ると，そこには監査にかかわる登場人物が必ず三者いたことがわかっている。本章2で「システム監査」が何かを考察する際に，この三者関係が非常に有益であるので，「監査」とはどのようなものかを説明するにあたって，まずは三者関係から話を始めよう。

（1）監査の三者関係

　「監査」は，監査を要請する者，監査される者，監査する者の三者[1] が存在して初めて成立する社会的な制度である。この三者は互いに独立しており，その役割を兼ねることはできない[2]。

　例え話で見てみる。大航海時代に商人は出資を募り，船を仕立てて東アジアで胡椒などの産物を買いヨーロッパに戻って売り捌き手元に残った利益を出資者に分配したが，その分配金が不正なく計算されたものなのかを出資者は疑い，信頼できる町の名士に検査し保証してもらうことがあったとしよう。このとき，出資者が監査を要請する者，商人が監査される者，町の名士が監査する者である。出資者は商人に金を預け彼に任せて儲けを獲得することを期待する。出資者が商取引に明るければ，自らが商人に説明を聞き証拠となる取引記録を照合して商人が報告した出資配当額が妥当かどうかを判断

---

[1] 監査を要請する者は，監査利用者あるいは利害関係者などといい，監査される者は，監査客体あるいは被監査組織などといい，監査する者は，監査主体あるいは監査人などという。

[2] 三者で初めて成立する監査に「一者監査」や「自己監査」はあり得ない。用語自体が自己矛盾している。これは監査でなく自己点検というべきである。

しただろうが，出資者に専門知識もなく調査をする時間もないときには，信頼できる第三者にその調査を任せることになる。

　現在のさまざまな監査は，この例え話で見たような三者関係がある場面で成立している。

　このことのエッセンスを示したのが**図表1-1**である。

図表1-1　監査の基本的な三者関係

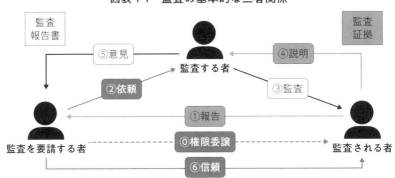

(2) 監査の必須条件

　こうした三者関係の中で成立する監査には必須な条件がある。「保証」，「独立した第三者」，「意見表明」，「合理的な基礎」がキーワードである。

① 監査の必須条件

　監査が監査であるためには，その行為が保証[3]でなければならない。保証には客観性が求められるため，監査人（監査する者）は監査される者から独

3　監査でいう「保証」は，assuranceであってguaranteeではない。民法でいう「保証」は，契約により債務者に代わりその債務を履行することである。監査では，被監査人の債務を代わって履行することはない。監査報告書により被監査人の言明についてその確からしさを請け負うことである。監査人は監査意見を信じて損害を受けた者に対して損害賠償責任を負うが，債務保証をするわけではない。

立した第三者でなければならない。監査人が利害関係ある対象に対して監査をしたといっても誰もその保証を信用しないからである。また，監査人は監査報告書の中で意見表明という形で保証する。あくまでも意見であって，証明でも検査でも試験でもない[4]。ただし，その意見は，意見表明できるに十分な合理的な基礎に基づいていなければならない。

「監査」とよく混同される業務である「認証」と「診断」と比較することで，「監査」の必須条件をより確かにしてみよう。

② 監査と似て非なる業務

認証とは，調査人（審査員）が，あるものの行為の結果としての言明が審査規準にどの程度合致しているかを判定し，その結果を格付けとして公表することをいう。証明行為であるという点と格付けをするという点で，保証行為である監査とは異なる。監査は格付けをするわけでも何かを証明するわけでもない。

診断とは，職業的専門家が，依頼者の依頼事項に関して助言，勧告したり，あるいは改善策の策定に携わることをいう。助言の判断規準は一般に認められたものでなくともよく，説得的であれば客観的でなくともよい。また，組織的かつ計画的に実施されなくともよく，一般的にその助言や勧告の結果について損害賠償責任を負うことはない。このいずれの点においても診断は監査とは異なる。監査では，その監査意見を信じたために利害関係者が被った損害を賠償する責任が監査人に生じる。

（3）監査の前提

① 監査命題

監査意見は，監査客体（監査される者）の言明に対して表明されるので，

4　システム監査用語集の［証明］［検査］［試験］の項目を参照。

監査命題は監査客体の言明書といえる。監査を受ける前提として，監査客体（被監査組織）は，被監査組織の状況について記述した言明書を作成していなければならない。会計監査の場合は，被監査会社が作成する財務諸表が言明書にあたる。

②　監査基準

　監査人の要件や監査のやり方を定めた監査人が守るべき規範を監査基準という。監査は高度な知識と経験を有する専門家チームが実施するものであって，どの監査チームが実施しても監査意見がほぼ一致しなければならない。監査人のレベルを合わせ，踏むべき監査手続のレベルも合わせるため，監査基準が整備されるのである。

③　管理規準

　一般に認められた監査人が依るべき判断の尺度を定めたものである。一般に公正妥当と認められる判断の尺度を取りまとめた管理規準があることで，監査人の意見は収束することができ，利害関係者も監査人の意見が独断と偏見で形成されたものでないことを知ることができる。

　なお，「管理」は経営行為であり，保証行為である「監査」とは別であることは言うまでもない。監査される者が作る言明書には管理規準に基づく統制内容が含まれる。そこで，監査人は，管理規準を判断尺度として監査を実施することになる。

（4）監査の定義

　以上の議論を踏まえて監査の定義をしてみよう。「監査とは，監査人が，ある者の行為やその行為の結果としての情報を批判的に検討し，その真実性や妥当性や準拠性等を確かめ，一定の保証を与えるため利害関係者に報告す

ること」と一般的には定義付けられる[5]。

　何の知識もなくこの定義を聞いても監査の何たるかはぴんと来ないだろうから，初めに監査が成立するために必要な三者関係を述べたのである。監査の意義が不確かになったときには，本節（1）の三者関係を思い出してほしい。

（5）　監査の本質

　監査の失敗に際して，よくある批判は，管理規準が完璧でないからだという。しかし，これは誤った非難である。監査は，完璧な管理規準があればできるものではない。チェックリストに○×を付けるだけで監査はできない。ある管理規準の項目に×が付いた場合，なぜそうなったかの根源的な原因を究明し，代替的な対策を被監査組織が用意しているのかなどを検討し，その問題点が重要なのかどうかを監査チームで議論して，最終的な監査意見を形成する過程にこそ監査の本質はある。監査は機械的に実施できる業務ではない。合理的な基礎（監査証拠）を集め，いかなる監査意見を表明できると確信するまで，監査チーム内で意見を闘わせることに監査の本質はあるのだ。

5　さまざまな定義から共通する要素を抽出してまとめた定義の一例。

2 システム監査とは

(1) システム監査の目的

　システム監査とは，企業や組織体の情報システムにまつわるリスクに対するコントロールが適切に整備・運用されているのかを，独立した専門家のシステム監査人が検証および評価し，保証または助言を行う行為である。

　このシステム監査の要点を列挙すると以下のようになる。

① システム監査は，独立した専門家のシステム監査人が行う。

② システム監査は，一定の基準に基づいて行う。

③ 情報システムにまつわるリスクに適切に対処しているかを，検証・評価する。

④ 利害関係者に対し，監査報告書をまとめ報告する。

⑤ コントロールの適切性に対する保証を与える，または改善のための助言を行う。

　またシステム監査の目的は，監査対象から独立したシステム監査人が個々の監査目的に応じて情報システムを総合的，客観的に評価することによって，情報システムの信頼性，安全性，有効性を高めることであった。しかし，平成30年に新しく改訂されたシステム監査基準においては，システム監査を巡る情報通信技術環境の劇的な変化や，システム監査に対するニーズの多様化が見られたことから，それらを踏まえて基準内容の見直しが行われた。

　そして，新たなシステム監査基準では，システム監査の目的を「情報システムにまつわるリスクに適切に対処しているかどうか，独立かつ専門的な立

場のシステム監査人が点検・評価・検証することを通じて，組織体の経営活動と業務活動の効果的かつ効率的な遂行，さらにはそれらの変革を支援し，組織体の目標達成に寄与すること，または利害関係者に対する説明責任を果たすことを目的とする。」と定義し，これまでの整備・運用の改善活動の一環としてではなく，積極的に経営活動に寄与していくことを目的としている。

　今日，組織体の情報システムは経営戦略を実現するための，組織体の重要なインフラである。さらにインターネットの普及により，情報システムのネットワーク化が進み，情報システムは，一組織体に留まらず，社会の重要なインフラともなっている。一方情報システムはますます，多様化，複雑化が進み，さまざまなリスクが顕在化してきている。それに伴ってシステム監査に対するニーズも以下のように大きく変化しているのである。

- 効率性から，有効性を重視
- 整備・運用の改善から，戦略目標の達成に寄与
- 整備・運用の改善から，監査結果を事業のPR活動として活用

　これらのシステム監査に対するニーズの変化は，これまで行われて来た助言型システム監査に留まらず，保証意見を組織体の内外に対して示し，監査結果を経営の武器として活用する保証型システム監査の実施を求めて来ている。しかし未だ，保証型システム監査の普及が進んでいるとはいえない状況である。保証型システム監査が普及しない理由としては，組織体が急激な情報技術の進展に付いていけず，保証できるレベルにまで至っていないという点も挙げられるが，監査を行うシステム監査人側においても，保証することに対して，躊躇している面がある。

　このテキストにおいては，保証型システム監査が普及していくように，保証型システム監査を実施する仕組みについても記述するとともに，監査を依頼する側のニーズに則した保証型システム監査の実施方法について，明らかにしていく。

（2）システム監査の対象

　システム監査は情報システム自体（ハードウェアやソフトウェア）だけを対象として見るのではなく，情報システムにまつわる人間系の活動に注目して組織や手続が適切に整備され管理活動が適切に行われているかを見るものである。システム管理基準を見ると「…管理は適切か」といった文章が列挙されており，広義の「人の行動」に注目していることがわかる。

　システム監査の際，監査対象と監査範囲は，監査人により混乱して使われることが多く，監査報告書などを作成する段階で意味を峻別して使うことが望まれる。

　当教材の用語集にある「監査対象」，「監査範囲」の項では次の様に説明している。

監査対象：監査対象とは，監査目的により既に限定された監査される客体をいう。

　　　　　対象を組織で区分する場合，業務で区分する場合，情報資産で区分する場合，システム手法やシステム環境で区分する場合などさまざまな取り上げ方があり，それらを組み合わせる場合が多い。

監査範囲：監査対象のうち，選択した監査手続を適用する部分を監査範囲という。

　　　　　（例）監査対象がソフトウェア資産管理である場合に，監査範囲は本社第一営業部の顧客管理ソフトウェアの管理状況に絞られるといったことである。

　監査の「対象」という言葉を**図表1-2**に示すように2つの異なる意味に捉えていることで混乱が起こることがある。

図表 1-2　監査の「対象」という言葉の2つの異なる意味

システム監査で報告する際の評価の対象	システム監査の報告書において意見を述べる対象、すなわちマネジメントやコントロールが評価の対象。
システム監査を実施する際の調査の対象	上記の評価を形成するために、情報システムそのものや、業務の流れを含む業務プロセス全体も調べる必要がある。

(3) システム監査の必要性

　システム監査は、「組織体の情報システムにまつわるリスクに対するコントロールが適切に整備・運用されていることを担保するための有効な手段」であり、「組織体の IT ガバナンスの実現に寄与することができ、利害関係者に対する説明責任を果たすことにつながる。」ことから必要とされている（システム監査基準 前文）（**図表 1-3**）。

　今や情報システムが、「経営戦略を実現するための組織体の重要なインフラストラクチャとなっている」一方で、「情報システムはますます多様化、複雑化し、それに伴いさまざまなリスクが顕在化してきている。」ことが、システム監査が必要とされる背景にある。

図表 1-3　システム監査の必要性

必要不可欠な情報システム

システム監査の実施

適切なリスクコントロールを担保

ITガバナンスの実現に寄与　利害関係者に対する説明責任

(4) システム監査の効果

　会社や自治体などの組織体では，営業，調達，生産，会計，人事，総務などの業務活動が行われている。それぞれの業務は手順が定められており，業務プロセスとして組織的に遂行される。業務プロセスは，担当者による作業や判断を必要とする人が実行するプロセスと，大量のデータ処理やネットワーク情報共有など情報システムにより実行されるプロセスとから構成されている。

　システム監査の対象は，情報システムにより実行されるプロセスだけではなく，人が実行するプロセスも含む業務プロセス全体（以後，「業務システム」という）におよぶことがある。

　システム監査では，業務システムの運営状況を評価し，その有効性，効率性が組織体が求める水準に到達しているかを客観的に評価・検証し，保証もしくは改善を助言する。経営者（またはCIOなど）は，システム監査結果を活用することで，業務改善を推進したり，統制の適切性を外部公表し社会的な評価向上を図るなど，組織体の経営目標の達成に役立てることができる。

　システム監査の効果として次のようなものがある。

　① 客観的評価が得られる

　　信頼できる評価であるためには，誰から見ても公平な評価となっていることが求められる。システム監査は被監査組織から独立した立場にあるシステム監査人によって実施されるため，客観的な評価を行える。また，システム監査は複数のシステム監査人によるチームで実施されるため，システム監査人のスキルのアンバランスが修正され，ヌケ，モレのない信頼できる評価が行える。

　② 組織ガバナンス状況の保証を得られる

　　経営者（またはCIOなど）による組織統制の信頼性・安全性・有効性を評価しその保証を与えることができる。システム監査結果により経営者（またはCIOなど）は利害関係者に対する説明責任を担保することができ

る。

③　レピュテーション（社会的評価）の向上

　システム監査結果を公表することにより，取引先，株主をはじめとする利害関係者により社会的に評価されることが期待される。レピュテーションの向上は CSR（企業の社会的責任）への対応そのものである。

④　経営に役立つ

　システム監査では，先に述べた業務システムをその対象としており，業務システムが有効に機能しているかを評価する。組織が定めている管理レベルへの適合度合いを評価しているため，業務プロセスにおける PDCA の C（チェック）を実施しているのと同等である。システム監査の結果をもとに，業務プロセスの改善アクションを実施し，業務レベルの継続的な向上を図ることができる。

　業務システムにおける情報システムの活用度評価をシステム監査の目的とした場合，そのシステムの構築運用にかかった費用と業務効率化の度合いを評価することで，IT 投資効果の最適化状況を確認することができる。また情報システムの機能と業務ニーズとの整合性，適時性の確保状況を評価し，有効性の評価を行うことができる。

　業務システムにおける統制状況を評価して組織リスクを抽出し，統制の弱いプロセスを改善し，統制の強化を図ることができる。

　業務改善のために追加の情報化投資費用が必要な場合や，業務プロセスの変更が必要な場合，情報システム部門や業務部門だけでは実施の調整が困難なことがある。このような場合，改善提言としてシステム監査人が報告することで経営層に認められやすくなり，かつ社内部門間の調整が行いやすくなる。このようにシステム監査には，多くの組織経営上の効果を期待することができる。

　情報システムにかかわる監査として，情報セキュリティ監査が注目されることが多い。情報セキュリティ監査は，情報漏洩による損失リスクを最小化

することを目的に実施される。経営者（またはCIOなど）にとって，情報セキュリティ投資は収益を向上させるものではなく，あくまでも損失を最小化するための守りの投資でしかない。情報セキュリティ監査は企業にとって守りの監査といえる。システム監査に情報セキュリティ監査は包含される。

　事業活動が地球規模で地域分散されグローバル化が進展している。情報システムによるグローバル連携は不可欠なものとなっている。このような中で組織体全体の業務システムの状況，部門間の連携状況を評価し，組織体全体の業務の運営の円滑化と合理化の促進を図ることが求められている。グローバル組織のガバナンスや統制状況を評価し，その結果をステークホルダーへ報告することも求められる。システム監査は，これらの要求に応え組織経営に貢献することができるのである。

3 助言型システム監査と保証型システム監査

(1) 助言型システム監査

　助言型システム監査は，被監査組織と監査人が合意した判断規準に基づいて，監査対象の情報システムのコントロール状況について調査を行い，問題がある事項，不十分と思われる事項を検出し，必要に応じてその検出事項に対応した改善勧告を行う監査である。

　その監査結果は主に内部目的に利用される。

　具体的な例としては，経営陣が，自組織のシステム開発管理に重大な不備があるのではないかと不安に思っており，もし不備があればそれを指摘してもらい，改善の具体的な方策を知りたいというニーズを持っている場合，「システム管理基準」に照らして現状のシステム開発管理の状況を評価・検証し，指摘事項とともに改善提案を行う，助言を目的としたシステム監査が行われる。

(2) 保証型システム監査

　保証型システム監査は，被監査組織の代表者から提示された言明書の内容に基づき，監査対象である情報システムのコントロール状況が，一定の判断規準により監査手続を実施した限りにおいて適切であるか否かを監査意見として表明する監査である。

　その監査結果は，内部目的にも利用されるが，主に被監査組織を取り巻く利害関係者向けの外部目的に利用される。

　具体的な例としては，経営陣が，取引先等からの信頼を得るために，経営

者による言明書の範囲内で，自組織の情報システムのマネジメントが有効に機能していることのお墨付きを得たいというニーズを持っている場合，「システム管理基準」に照らして情報システムのマネジメントの状況を評価・検証し，もって保証を目的としたシステム監査が行われる。

図表 1-4　助言型システム監査と保証型システム監査の主な相違点

	助言型システム監査	保証型システム監査
監査目的	判断規準に照らし問題点を指摘し改善を促す	判断規準に照らし適切であることを保証する
言明書	必ず要るわけではない	必要
可監査性要求レベル	低い	高い
成熟度レベル	低～中程度で効果的	中～高程度で効果的
報告内容	改善勧告	保証意見

第 **2** 章

保証型システム監査とは

保証型システム監査の必要性

今日，情報システムは，多くの組織体においてその事業活動全般を支える存在となっていることから，情報システムが社会を支えているといっても過言ではない。また，多くの国民がインターネットを経由して物を購入して決済を伴う処理を行ったり，各種申請を行ったり，電子メールで仕事を進めたりしており，情報システムは市民生活に深く関与する存在になった。しかし社会インフラや市民生活を支えている主要な情報システムの「信頼性」「安全性」「効率性」「有効性」について，組織体から社会に対して説明責任が十分に果たされていないのが実情である。本来は，公平中立の立場にある専門家（システム監査人）から保証を得ていることを社会やステークホルダーに発信するのがあるべき姿である。

会計監査の分野では，以前から会計監査報告書に監査人の保証意見が掲載されることでステークホルダーに説明責任を果たしてきた。システム監査においても会計監査と同様に監査報告書の中で保証意見を表明するのが「監査本来の姿」と考えられるが，現実には「助言型」が主流になってきた。その理由は，システム監査が始まった 1980 年代当時，ほとんどの組織体は給与計算などの社内事務の省力化のために情報システムを利用しており，社外への影響が大きい情報システムの数が少なかったことと「信頼性」「安全性」「効率性」「有効性」の成熟度が低かったため，システム監査人はその成熟度を高める「助言」を主目的とせざるを得なかったことによる。

総務省から 2018 年 9 月に公表された「地方公共団体における情報セキュリティ監査に関するガイドライン」の中に，助言型監査と保証型監査について次のような記述がある。

「外部監査の形態には，当該地方公共団体に対し，情報セキュリティ対策

の改善の方向性を助言することを目的とする助言型監査と，住民や議会等に
対し，情報セキュリティの水準を保証することを目的とする保証型監査があ
る。どちらの型の外部監査を行うかは地方公共団体の判断次第であるが，一
般的には，情報セキュリティ対策の向上を図るため，最初は継続的な内部監
査と併せて助言型監査を行い，必要に応じて保証型監査を行うことが考えら
れる。」

　この記述から，総務省は地方公共団体に対して情報セキュリティに関する
外部監査を推奨しており，当初は助言型監査から始めて成熟度が上がった時
点で保証型監査を行う方向性が示されている。
　「システム監査基準」（平成30年4月）の【基準3】「システム監査に対す
るニーズの把握と品質の確保」の〈解釈指針〉を要約すると，保証型システ
ム監査の必要性が次のように書かれている。
① 経営陣が，経営者による言明書の範囲内で，自組織の情報システムの
マネジメントが有効に機能していることのお墨付きを得たいというニー
ズを持っている場合，「システム管理基準」に照らして情報システムの
マネジメントの状況を評価・検証し，もって保証を目的としたシステム
監査が行われる。
② 委託先の管理レベルによって大きな損害を被る可能性があり，その管
理レベルが自社の望むレベルであるかを判断する材料として，第三者の
評価が欲しいというシステム委託者のニーズ
③ システムを受託するにあたって，委託元が委託先の管理レベルを重視
するようになり，委託元に自社のシステム管理レベルを判断してもらう
材料として開示したいというシステム受託者のニーズ
④ 社会的責任を負う重要インフラや多数の生命・財産に影響をおよぼす
分野および行政組織など，不特定多数の利害関係者に向けて，説明責任
を果たすことを担保したいという社会的責任を負う者のニーズ

これら4つの類型を整理すると，保証型監査を受けたいというニーズを持つ者と保証意見を示したい先には次の4つのパターンが考えられる。

① 　組織の経営者が自組織の管理状態について経営者自身が確認をしたい。

② 　業務を委託している経営者が委託先組織の管理状態について確認したい。

③ 　業務を受託している経営者が自組織の管理状態について委託元に示したい。

④ 　社会に広く役務を提供している組織の長が自組織の管理状態について社会に示したい。

(1) 言明書とは

　言明とは,「明白に言いきること」(広辞苑第7版)である。保証型システム監査における言明書とは,組織または情報システム部門の責任者が自組織のIT統制状況の達成レベルについて表明した文書のことをいう。

　具体的には,経営者(またはCIOなど)が,例えば次のような事柄について表明する。

① 　当社の情報システムは,経営戦略(情報戦略)に基づき,開発規程や運用規則に則って開発し,高い品質と信頼性を追求している。

② 　当社の通信販売システムは,サイバー攻撃などのリスクに備え,脆弱性を分析し,適切な対策を実施している。また情報セキュリティ管理手続に準拠したマネジメントとコントロールを構築し,安全性に配慮した運用を行っている。

③ 　当組織は,個人情報の取扱いにあたり,個人情報の漏洩その他の事態を発生させるリスクを軽減させるために適切な措置を講じ,もって個人のプライバシーなどの権利利益の保護に取り組んでいる。

④ 　当社は該当システムの開発を受託し,開発するにあたっては委託元様からの要求事項である「ソフトウェア開発に対する基本遵守事項」を守り,ソフトウェア開発を行っている。

⑤ 　情報システム部では,災害時の速やかな情報システム復旧につなげるため,BCP(事業継続計画)の基本方針に則って,情報システムにまつわる事業継続計画を策定している。またシステム管理基準に準拠した管理策を整備し運用している。

このように言明書における表明とは，経営者（またはCIOなど）が，自組織のITガバナンスの実現のため，利害関係者に対する説明責任を果たすため，情報システムにまつわるリスクに対するコントロールが適切に整備・運用されていることを，宣言文として記載することである。

言明書では，上記の宣言文に加え，その根拠となる統制内容について具体的に記載する。例えば対象となるシステムに関して，どのような統制目標を設定し，それに対してどのような管理策を整備し，運用しているのか，その内容についての自己評価も合わせて記載する。さらに，保証型システム監査は，言明書の内容に沿って行われるので，統制内容に紐付いた証拠の存在も重要となる。

図表 2-1 にて，保証型システム監査における言明書の基本構成（例）を記載する。統制内容については，リスク（想定されるリスク），統制目標（統制のための要求項目），管理策（統制の具体的内容），証拠資料（自己評価の根拠），自己評価（統制目標の達成度）などが紐付けられ整理されていることが望ましい。実際の言明書は，依頼者のニーズから，保証型システム監査を，誰が何の目的で依頼するかによって，作成主体や手順，内容が異なる。言明書の詳細については，第3章の依頼フェーズにおいて，事例サンプルをもとに詳細に解説している。

個々の統制内容についての自己評価は，必ずしもすべてが十分できているという評価のみとは限らない。言明書は評価が完全であることを前提としているものではなく，またシステム管理基準の全項目を達成していることを求めるものでもない。組織の方針によっては，リスクを保有することもある。あくまで実態に基づいた記載であり，組織の規模や状況に応じた自己評価となる。したがって言明書には，できていないことも含め，正直に評価し記述してもらう必要がある。宣言文は，その実態を経営者（またはCIOなど）が総合評価した結果の表明となる。

このように保証型システム監査における言明書とは，「宣言文」と「統制内容と自己評価」で構成されたものである。ただし，監査の目的，テーマに

対して，カバレッジの狭い言明書を，保証型システム監査の対象とすることは難しい。システム監査人は，依頼者に対してより広範な言明とすることを提案することもある。

図表 2-1　保証型システム監査における言明書の基本構成（例）

①宣言文	※ここで経営者（または CIO など）が，自組織の IT 統制状況の達成レベルについて，下記の内容をもとに総合評価を表明する。 （例）当社は，○○○の規準に準拠した○○○をもとに，下記の範囲で○○○システムの情報セキュリティ管理について適切な管理策を整備，実施している。				
	リスク	統制目標	管理策	証拠資料	自己評価
	想定されるリスク	統制のための要求項目	統制の具体的内容	自己評価の根拠	統制目標の達成度
②統制内容と自己評価	例）ルールの不備によりセキュリティ事故が増大するリスク	例）情報セキュリティ管理ルールを策定している。	例）情報システム部門長は，サイバー攻撃への対策などを管理規程として文書化している。	例）情報セキュリティ管理規準	例）規程は，想定されるリスクに対して適切な内容である。
	例）不適切なアクセスにより重要な情報が漏洩するリスク	例）アクセス管理を行っている。	例）運用管理者は，○○○へのアクセスコントロールを実施している。	例）アクセス権設定一覧表	例）アクセス権は，情報の重要度に応じて適切に設定されている。
		例）ログ管理を行っている。	例）運用管理者は，○○○ログを取得し，定期的に分析し，管理台帳に記録している。	例）ログ管理台帳	例）ログの確認頻度は職務の負荷を考慮した妥当なものであり，分析内容は十分である。

（2）保証の意味

　言明はあくまで，自己証明であるので，依頼者は，利害関係のない専門家にその妥当性の評価を依頼する。システム監査人は，依頼者に代わり，言明された内容について情報を収集分析し評価した結果をもとに，独立した第三者の意見として依頼者に報告する。

　システム監査人は，監査報告書の中で意見表明という形で保証する。この保証の意味は，依頼者に確信を持って意見表明すること「Assurance」であり，未来の事象や状態について何らかの責務を負うもの「Guarantee」ではない。つまりここでいう保証とは，将来システムに事故や不備が起こらないことを保証するものではなく，またIT統制全般について絶対的な保証を行うものでもない。保証型システム監査における保証とは，あくまで言明された内容についての意見表明である。

　さらに保証の範囲は，監査の目的，監査した期間，採用した判断の尺度，実施した監査手続と入手できた監査証拠の限りにおいての意見に限定される。

　このように，言明書があってこそ，システム監査人は，保証の対象を明確化し，保証の範囲を限定することができる。そして保証の範囲を限定することにより，システム監査人にとってのリスクを限定することが可能となる。逆に保証の範囲を限定しない保証型システム監査は，監査人のリスクが高く現実的ではない。

　システム監査人は，この保証の意味について誤解のないよう依頼者に十分説明し，保証の範囲や制限事項などについて，依頼者と合意しておく必要がある。また監査契約を結ぶ前に，現状を確認しておく必要もある。

3 保証型システム監査の分類定義

本章1で述べた4つのニーズに基づいて、保証型システム監査を誰が主導して実施するかで分類定義すると**図表 2-2**のようになる。

図表 2-2　保証型システム監査の四分類

分類	依頼者	監査結果の利用目的	言明書作成	被監査組織
経営者主導方式	経営者（CIO 他）	自組織の管理レベルを評価するため	自組織が考える独自なレベルで CIO が作成する	自組織
委託者主導方式	委託者	委託先の管理レベルを評価するため	委託者の要求レベルで受託者が作成する	受託者
受託者主導方式	受託者	委託元へ管理レベルを報告するため	委託者の要求レベル等で受託者が作成する	受託者
社会主導方式	経営者（CIO 他）	取引先や社会に対して、自組織の管理レベルを表明するため	一般に周知の高レベルの基準等で依頼者が作成する	自組織

それぞれの分類について以下に説明する。

(1) 経営者主導方式

経営者主導方式とは、経営者（またはCIOなど）の要求に対して、現場はどの程度対応できているかを監査する方式である。言明書は対外的には経営者が作成するものであるが、経営者主導方式では言明書の自己点検部分の評価を情報システム部門に指示し、その評価結果をもとに経営者（またはCIOなど）が宣言する形式をとる。このとき、経営者（またはCIOなど）の要求に対して、情報システム部門が管理・統制できている旨を、言明書（自己評

価）という形式で報告し明確に表明することが重要である。

　経営者主導方式では，システム監査人が言明書通りに依頼組織の情報システムが整備・運用されているかを監査し，保証することで経営者（またはCIOなど）の不安に応え，また安心を与えるものであり，他の3方式とは目的が異なる。経営者主導方式の監査報告書は，自組織に留め利用されるべきである（**図表 2-3**）。

図表 2-3　経営者主導方式

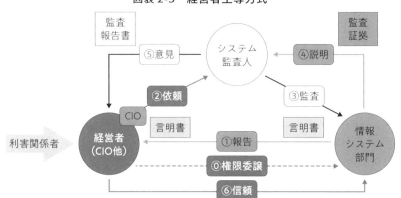

（2）委託者主導方式

　委託者主導方式とは，委託者の要求に対して，受託者がどの程度対応できているかを監査する方式である。受託者は委託者の要求に対してどのように対応しているかを言明書として表明する。システム監査人は言明書通りに受託者が対応しているかを監査する。監査報告書は委託者が利用する限定的なものである。また受託者の可監査性が前提となる（**図表 2-4**）。

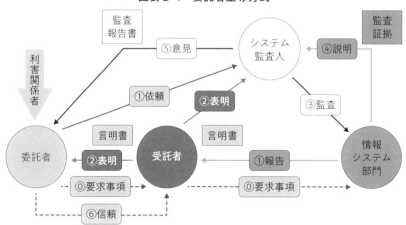

図表 2-4　委託者主導方式

(3) 受託者主導方式

　受託者主導方式とは，委託者の要求に対して，受託者がどの程度対応でき
ているかを監査する方式であり，その監査結果をもって受託者が委託者の要
求および受託業務に備えて対応できていることを表明するものである。受託
者は委託者の要求への対応を言明書として表し，委託者と合意を得る必要が
ある。また委託者から具体的な要求が出されない場合は，システム管理規準
などを使い，関係者と具体的な要求に落とし込む必要がある。そしてシステ
ム監査人は言明書通りに受託者が対応しているかを監査する。監査報告書は
委託者に報告する限定的なものであるが，同じような要求レベルの複数の委
託者に対して，二次利用されることも想定される（**図表 2-5**）。

図表 2-5　受託者主導方式

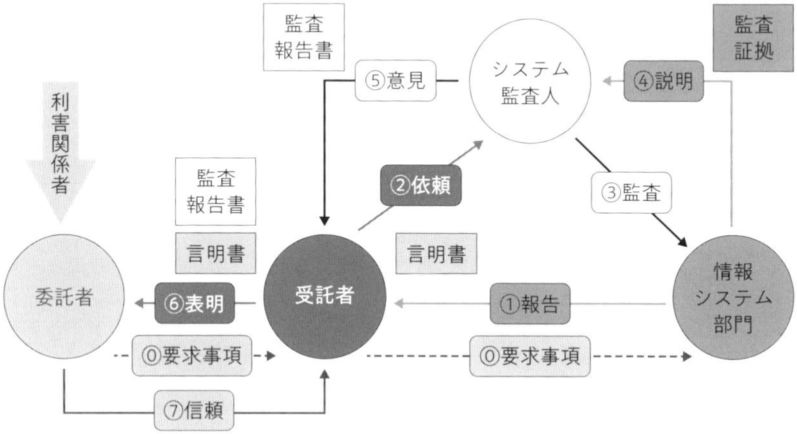

(4) 社会主導方式

　社会主導方式とは，さまざまなステークホルダーから信頼を得るために，自組織のシステム管理レベルを広く表明するため，監査依頼組織がどの程度システム管理を行えているかを監査する方式である。現状は法定化された基準がないため，システム監査人が保証意見を表明するには監査リスクを考え，取引先や顧客など広く社会全般のさまざまなステークホルダーへの説明責任を果たすことができる管理レベルが必要となる。依頼者は独自の管理規準または一般に認知されているシステム管理基準などをもとに言明書を作成し，システム監査人はその言明書通りにシステムを運営しているかを監査する。監査報告書は言明書とともに社会に対して，ホームページなどを利用して公表される。

図表 2-6　社会主導方式

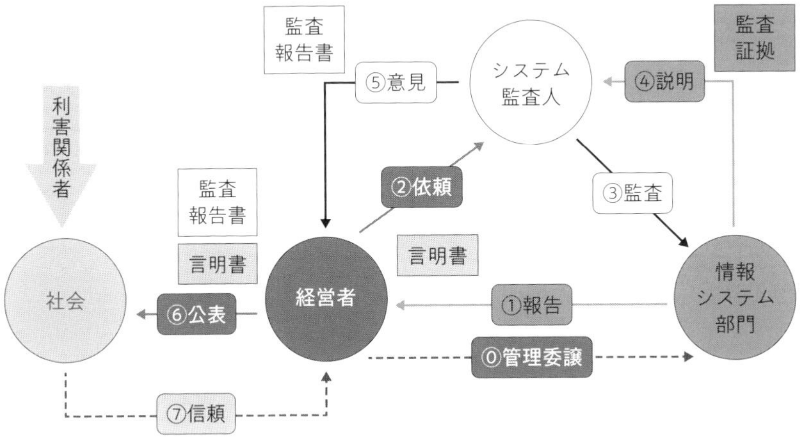
監査
報告書
⑤意見
システム
監査人
④説明
監査
証拠
利害関係者
監査
報告書
②依頼
③監査
言明書
言明書
社会
⑥公表
経営者
①報告
情報
システム
部門
⓪管理委譲
⑦信頼

保証型システム監査を実施するための前提条件

（1）保証型システム監査が可能であること

　保証型システム監査の実施が可能であることを「可監査性（auditability）」という。具体的にはコントロールの有効性を監査できるように，情報システムが設計・運用されていることである。コントロールが存在し，かつその有効性が認められる監査証拠が確認できる場合は，可監査性が確保できているといえる。監査依頼の内容確認において，被監査組織の可監査性が確保できているかを，関係者へのヒアリングなどにより確認する。その結果，言明書の内容に沿うコントロールおよび監査証拠の存在が確認できれば，保証型システム監査の実施についてシステム監査人と依頼者が合意し，監査計画の策定に進む。

　コントロールおよび監査証拠の存在が認められないようであれば，整備する時間をとった後に監査を行う，あるいは助言型システム監査の実施を提案し，情報システムの成熟度レベルが一定の水準に達した段階で保証型システム監査を実施する。保証型システム監査の実施でスタートしたが，監査途中に保証型システム監査から助言型システム監査へ切り替えざるを得ない場合も発生する。

（2）言明書があること

　保証型システム監査の実施には言明書が必須となる。言明書とは，IT 統制のための要求項目（要求レベル）が，どのようにコントロールされているかを具体的に記述し，責任者がその要求に対する達成度合いを「言明」とし

て表明した文書である。入手する監査証拠の範囲を決めるためのもととなるのが，被監査組織の代表者から表明される当該組織の IT 統制状況に関する「言明書」である。

　言明書があってこそ，システム監査人は監査対象組織の統制状況がその言明書に記載されているレベルに達しているかを監査し，達成していると判断したときに保証を与える監査意見を表明することができる。

　言明書に IT 統制のための要求事項が具体的に記述されずに，経営者等が考える要求レベルの「思いや宣言」が記述されていることがある。経営者が言明書を適切に作成できない場合には，CIO などが作成する場合がある。さらに，外部の専門家に作成を依頼することもある。

(3)　言明書のもととなるシステム管理規準が作成されていること

　保証型システム監査を実施するためには，「言明書」のもととなるシステム管理規準が必要となる。一般に，システム監査を実施するには，経営者などから承認を得たシステム管理規準を拠り所にして統制内容を点検・評価して，その結果を監査意見に記述する。システム管理規準と乖離している場合には，指摘事項を述べることになる。

　そこで，保証型システム監査では，言明書に記載された要求レベルをより適正に反映したシステム管理規準の存在が重要となる。監査は，言明書に記載された要求レベルの統制内容が適正に実施されているか，システム管理規準や規定，マニュアル等と突き合わせながら実施する。

　システム管理規準は，情報戦略・方針に基づいて策定されており，その規準に合わせて，運用管理の手続や規定（ルール），マニュアル類が作成されている。情報戦略・方針や関連する法制度など内外の要因で，システム管理規準は改訂が必要となることがあり，常に最新の状態にしておくことが望まれる。

(4) 適切なシステム監査チームを組織化すること

　システム監査人には広範で高度な知識・能力が求められる。また，保証型システム監査の場合，監査意見が被監査組織の外部のステークホルダーなどに対して示されることが多いことから，監査意見が「所詮身内の意見」と見なされないよう外観上の独立性を確保することが重要である。このことから，組織外部の専門のシステム監査人によるシステム監査を行うことが適切である。

　一方で，システム監査チームの編成にあたり，業務内容に精通しない外部のシステム監査人のみでシステム監査体制を組むことは，効率的・効果的なシステム監査の実施を難しくさせる。独立性に十分留意した上で組織内部のメンバーをシステム監査人として監査チームに参加させることは，システム監査人の人材育成にもなる。

システム監査人に求められる能力と育成

　近年，情報技術は急激な進歩を遂げ，情報システムは多様化・複雑化してきた。さらにインターネットは社会に浸透していき，組織間でシステムが相互に依存するようになってきた。その結果，情報システムは現代社会において不可欠な社会基盤となり，システムリスクは組織内に留まらず組織外の利害関係者にも影響を与えるようになってきている。これらの環境変化に伴い，企業は経営戦略の見直しや組織体制の見直しも図っている。

　そのため「システム監査基準」では，システム監査の品質を高め，組織体の状況やIT環境の変化などに対応して，効果的なシステム監査を実施するために，システム監査人には，適切な研修と実務体験を通じて，システム監査の実施に必要な知識・技能の保持および向上が求められている。

　システム監査人には，「システム監査基準」において，システム監査の信頼性を保つために，情報システムおよびシステム監査に関する専門的知識・技能が必要となり，論理的思考能力やコミュニケーション能力なども求められている。さらにシステム監査の品質を高めるために，経営戦略，ガバナンス，リスク管理，内部統制，および関連法令等に関する幅広い関連知識を有していることが望まれている。またシステム監査の実施に際しては，経営陣や監査対象の関係者とのコミュニケーションが求められ，ロジカルシンキングおよびロジカルライティングの能力，ならびにプレゼンテーション技法およびインタビュー技法なども必要とされている。加えてシステム監査は複数の監査人によって実施されるため，監査人同士のチームワークも大切となる。それはシステム監査結果についての合意形成を行うときに，大きく影響するのである。そして保証型システム監査でも，助言型システム監査でも監査人にとって必要とされる知識は同様である。

これらの能力を箇条書きにすると以下の通りとなる。

①　情報システムおよびシステム監査に関する専門的知識・技能

②　論理的思考能力やコミュニケーション能力

③　経営戦略，ガバナンス，リスク管理，内部統制，および関連法令等に
　　関する幅広い関連知識

　そして「システム監査基準」では，システム監査人は，システム監査業務
の計画，実施，および結果の報告において，システム監査の専門家としての
慎重な姿勢で臨むとともに，倫理観を保持し，誠実に業務を実施しなければ
ならないとも述べられ，システム監査人の人間性についても言及されてい
る。

　システム監査人の育成に関しては，システム監査基準の〈解釈指針〉で，
「システム監査人に求められる基本的な知識・技能を習得するためには，
CSA（公認システム監査人）の認定制度やシステム監査技術者，CISA（公
認情報システム監査人）などの試験などの活用も考えられる。またシステム
監査の実施に必要な知識・技能の保持の向上には，組織体内外の講習会等の
活用と合わせ，OJT などを通じた実務経験も重要である」と述べられてい
る。

　システム監査人の育成方法について箇条書きにすると以下の通りである。

①　認定制度，試験などの活用

②　組織体内外の講習会などの活用

③　OJT などを通じた実務経験

6 保証型システム監査の流れ

保証型システム監査を実施する際の作業手順を以下に記述する。

1) 監査依頼者の意向確認
システム監査ニーズの把握（4 タイプのどれに該当するか）

2) 関係者へのヒアリングや文書の整備状況調査
- 可監査性の調査分析，内部監査結果や外部監査報告書の指摘事項確認
- 対象組織のルール（規程・ガイドライン・マニュアルなど）の調査，文書の存在確認
- 組織体制，組織ミッションの理解（組織図，職務分掌などにより）
- 被監査部門の監査を受ける体制（責任者，担当者）の確認
- 外部環境の調査（業界動向，法的規制，情報技術（含むサポート切れ）など）

（保証型監査が無理な場合は，「助言型監査」を提案するか，もしくは，「定期的に助言型監査」を行い，成熟度を確認した後に保証型を行う）

3) 言明書の存在確認
（存在しない場合は，どこまで作成を支援するか要検討）

4) 言明書の内容確認
妥当性評価（余りに偏狭な内容の場合の対応を要検討）

5）システム監査提案書作成

必要な人材・期間・経費の検討，採用する規準の選択

6）契約書作成〜契約

7）監査計画の策定と監査客体との合意

8）監査証拠の収集，評価

ドキュメント収集，アンケート，ヒアリング，現地調査

9）監査意見の合意形成

- 合意形成のプロセス…監査人の意見交換〜根拠の確認〜重要度協議
- 監査意見…監査意見（結論）の種別には，次の4種類があり，保証型システム監査の4類型との対応を以下に整理する（**図表2-7**）。会計監査における監査意見の4種類[1]を参考にしたものである。
- ① 無限定適正意見…「言明書の全ての重要な点において適切に実現できている」旨を監査報告書に記載する[2]。

---

[1] 会計監査における監査意見の4種類
監査人はこのいずれかの意見を表明する責任がある。(https://jicpa.or.jp/cpainfo/introduction/keyword/post-54.html)
- 無限定適正意見…一般に公正妥当と認められる企業会計の基準に従って，会社の財務状況を「すべての重要な点において適正に表示している」旨を監査報告書に記載する。
- 限定付適正意見…一部に不適切な事項はあるが，それが財務諸表等全体に対してそれほど重要性がないと考えられる場合には，その不適切な事項を記載して，会社の財務状況は「その事項を除き，すべての重要な点において適正に表示している」と監査報告書に記載する。
- 不適正意見…不適切な事項が発見され，それが財務諸表等全体に重要な影響を与える場合には，不適正である理由を記載して，会社の財務状況を「適正に表示していない」と監査報告書に記載する。
- 意見不表明…重要な監査手続が実施できず，結果として十分な監査証拠が入手できない場合で，その影響が財務諸表等に対する意見表明ができないほどに重要と判断した場合には，会社の財務状況を「適正に表示しているかどうかについての意見を表明しない」旨およびその理由を監査報告書に記載する。
- **(参考資料)** 情報セキュリティ監査基準（平成15年経済産業省告示第114号）http://www.meti.go.jp/policy/netsecurity/is-kansa/

②　限定付適正意見…言明書の項目の一部に実現できていない事項はある
　　が，それが言明書全体に対してそれほど重要性がないと考えられる場合
　　には，その不適切な事項を記載して，組織の状況は「その事項を除き，全
　　ての重要な点において適正に実現できている」と監査報告書に記載する。
③　不適正意見…言明書の項目に実現できていない事項があって，それが
　　言明書全体に対して重要性があると考えられる場合に，「言明書は不適
　　正である」と監査報告書に記載する[3]。
④　意見不表明…重要な監査手続が実施できず，結果として十分な監査証
　　拠が入手できない場合で，その影響が意見表明できないほどに重要と判
　　断した場合には，監査意見を表明できない旨およびその理由を監査報告
　　書に記載する。

　このテキストで提唱している4分類の保証型システム監査は，保証型シ
ステム監査を依頼する者が自主的に主導する任意監査を想定しており，国
などが法律に基づいて実施を強制する法定監査は対象としていない。

　そこで，受託者主導方式や社会主導方式では，「不適正意見」や「意見
不表明」はあり得ず，**図表2-7**では○ではなく該当なし（―）としている。

図表2-7　意見表明の種類別対応整理

主導方式の4分類	①無限定適正意見	②限定付適正意見	③不適正意見	④意見不表明
経営者主導方式	○	○	○	○
委託者主導方式	○	○	○	○
受託者主導方式	○	○	―	―
社会主導方式	○	○	―	―

2　保証型システム監査における監査報告書の適正意見の事例は，第4章4（3）②を参照のこと。
3　不適正意見が表明された場合に依頼者と監査人がどう対応すべきかについては，第4章末尾のコラ
　ム「保証型システム監査と助言型システム監査の目的とその実施方針の違い」を参照のこと。

経営者主導方式と委託者主導方式では「不適正意見」または「意見不表明」との監査報告書を提出した後には，監査依頼者と監査人が協議の上，次のような新たなシステム監査契約を締結することがある。

- 助言型システム監査へ移行する。
- 問題点の改善が可能であれば，改善を行った後に保証型システム監査を再実施する。

　受託者主導方式と社会主導方式では，「不適正意見」または「意見不表明」の監査報告書は提出せず監査は終了する。この場合も監査依頼者と監査人が協議の上，新たなシステム監査契約を締結することがある。

　状況から見て保証型システム監査の再実施はきわめて困難であり，助言型システム監査に移行して情報システムの改善に努める選択肢のみとなる。

　どの主導方式であっても「意見不表明」となる場合は，可監査性があると判断したシステム監査人の責任が問われる虞^{おそれ}が高く，調査フェーズの早い段階で保証型システム監査の続行が無理であると判断し，監査を終了すべきである。

10) 意見交換会

事実誤認がないかを被監査組織に確認する。

11) 監査報告

保証意見の位置付け…監査をした時点での保証意見であり，継続性を示すものではない。

　以上のように，保証型システム監査を実施するにあたっては，助言型システム監査にはない要素を勘案する必要がある。特に，従来の解説書やセミナーでは，助言型システム監査を前提としており，監査計画の策定以降，監

査の実施フェーズに重点を置いて記述しているものが多かった。しかし保証型システム監査では，言明書の扱いが重要であり，監査が始まる以前のフェーズも重要となる。そこで本テキストでは，事前協議から契約に至るまでのプロセスにも着眼し，保証型システム監査におけるすべてのフェーズを網羅するようにした。

　次に保証型システム監査の実施手順について，全体の流れをフロー図として表示する（**図表 2-8**）。各フェーズにおける実施項目，取り交わされる文書類，保証型システム監査固有の留意点について簡単に整理している。**図表2-8** の詳細については，第 3 章で事前協議から契約まで，第 4 章にて監査計画から報告まで，それぞれ具体的な事例を紹介しながら解説する。

図表 2-8　保証型システム監査の実施手順と留意点

フェーズ	実施項目	インプット/アウトプット	対象	保証型の留意点
事前協議	事前インタビュー	インタビュー記録	依頼者	・保証型システム監査の考え方について説明する。
	必要情報の存在確認	必要情報チェックリスト	被監査組織	・言明書について説明し作成を依頼する。
	可監査性の確認	事前検討議事録		・必要情報の存在確認と、監査が可能か検討する。
依頼受領	言明書の確認	言明書	被監査組織	・言明内容を根拠付ける監査証拠があることを確認する。
	依頼書の確認	システム監査依頼書	依頼者	
提案	依頼内容の検討	依頼内容検討議事録	依頼者	・特に保証の意味や範囲について説明し合意する。
	提案書の作成	システム監査提案書	依頼者	
契約	契約書等の作成	契約書・宣誓書等	依頼者	・機密事項の取扱や制限事項について合意する。 ・助言型へ移行する場合の取決めも行っておく。
		機密保持に関する覚書	被監査組織	
計画	監査計画の策定と合意	システム監査計画書 システム監査手続書	被監査組織	・言明書の内容に沿った監査項目とする。
調査	事前情報収集	システム資料・規程類 管理資料・調査記録・資料		・収集した監査証拠は、言明書の管理項目ごとに分類整理する。
	現地調査	現地調査記録・資料 インタビュー記録		
	調書整理	ヒアリング結果対応表		
分析	検出事項の抽出・評価	検出事項総覧		・評価項目は、依頼内容、監査目的などをもとに決める。
	指摘事項の整理	指摘事項 指摘事項分析		・評価項目でランク付けを行い、監査意見形成に必要な事項を抽出する。
報告	監査意見の最終形成	監査意見形成議事録		・指摘事項による影響範囲を説明する。
	監査報告書案の作成	システム監査報告書案	被監査組織	・報告書の取扱いや公開の範囲に留意する。
	監査報告会の開催	システム監査報告書	依頼者	

40

コラム 「基準」と「規準」

　システム監査を実施する際に，システム監査人にとって重要な拠り所となるものとして「システム監査基準」と「システム管理基準」があります。この中でシステム管理基準には，「組織体がシステムを管理するための実践規範」としての役割と，「システム監査人が監査を実施する際の判断の尺度」として用いることの2つの役割が期待されています。ただしこの「基準」という言葉には，「規準」の意味も含まれています。システム監査にかかわる者も，しばしば両者を混同して使用しているため，混乱を生む要因となっています。ここでは，その語源と意味を辿りながら，「基準」と「規準」の違いについて考えてみたいと思います。

1. 「基」と「規」と「準」の語源より

　まず個々の漢字について，意味を整理すると，**図表2-9**のようになります。

図表2-9　「基」と「規」と「準」の意味

基 base	【音読】き 【訓読】もと，もとい，もとづく 【語源】土をもって構築する土壇。 【意味】建物の土台。ものごとのよりどころ。
規 rule	【音読】き 【訓読】のり，のっとる 【語源】円を描くのに使用する用具，ぶんまわし，コンパス。 【意味】きまり，はかる，ただす，いさめる，わくにはめる。
準 level	【音読】じゅん 【訓読】ならう，なぞらえる 【語源】水をつかって水平をはかる用具。 【意味】なぞらえる，比べあわせる。

出所：白川静「字通」，学研「新漢和大辞典」他より

「基」の文字は，建築物の土台が起源です。基本，基盤などの用語にも使われるとおり，主にものごとを支える根本の意味合いとなります。

　「規」の文字は，円を描く用具が起源です。規則や規格などの用語にも使われるとおり，主に型や枠内におさめる意味合いとなります。

　「準」の文字は，水平を測る用具が起源です。準拠，準用などの用語にも使われるとおり，何かをなぞったり，従うという意味合いとなります。

　このように「基」と「規」は，同じ音ですが，語源が異なり，それと「準」の文字を組み合わせた熟語も異なる意味合いとなるわけです。また英語でも，「基」＝「base」と「規」＝「rule」という全く違う単語となります。

2. 「基準」と「規準」の意味の違い

　2つの熟語について，その意味を整理すると，**図表 2-10** のようになります。

図表 2-10　「基準」と「規準」の意味

基準 standard (base+level)	ものごとの基礎となる標準。比較して考えるためのよりどころ。 ものごとを比較・判定するときの基礎となるよりどころ。 なにかを比べる時に，よりどころとなる，一定のもの。
規準 criteria (rule+level)	行為，評価などの則るべき手本・規則，規範。 判断・行動などの規範となるよりどころ。従うべき規則。 それによって行動することが社会的に求められるよりどころ。

出所：「広辞苑」，「明鏡国語辞典」，「新明解国語辞典」より

　「基準」は，英単語ではstandardであり，何かの，見本，あるべき姿という意味が強く，参考，指標とするものです。必ずしも最高のものを表しているわけではなく，あくまで土台であり，標準形であると考えるべきです。

　「規準」は，英単語では criteria であり，人の行為や判断などを制限する意味が強く，従うべき範囲を示しているものです。規で引かれた線引きの内と外が判断の尺度となります。

3. システム管理基準とシステム管理規準

　以上の語源の意味から，あらためてシステム管理基準とシステム管理規

図表 2-11　システム管理基準とシステム管理規準の定義づけ

システム 管理基準	経済産業省が提示した，**組織がシステム管理を行う時の見本と なるような，あるべき管理の標準形。** また**システム監査人がシステム監査を実施する際に，判断規準 の参考，見本として活用する**もの。
システム 管理規準 （組織用）	個々の組織が整備した，システムを管理するための方法や規 則，**従うべきルールの集合体**。システム管理基準だけではなく 様々な公開されている基準，ガイドライン，法令などを参考と して，**自らの組織に合った形で作成する。** まとまって明文化されていることが望ましいが，別々の文書に なっていたり，一部だけ明文化されていることもある。
システム 管理規準 （監査人用）	システム監査人が，システム監査を実施する際に，**判断の尺度 として用いる規準**。システム管理基準だけではなく様々な基 準，ガイドライン，IT 成熟度，各種指標，法令などを参考とし て，**システム監査ごとに適した規準を使用する。** システム監査人は，システム監査を実施する前に，今回の監査 でどのような規準を判断の尺度とするか合意しておく必要があ る。

準を，次のようなものとして定義付けしてみました（**図表 2-11**）。

　組織が整備する規準は，**図表 2-12** のように経済産業省の基準を見本と
する場合もあれば，その他の基準を見本とする場合もあります。したがっ
て経済産業省の基準レベルより低い規準もあれば，逆に高い規準もあるわ
けです。

　また一部だけ採用する規準もあります。例えば，自社に開発部門がない
組織では，開発に関する規準はほとんど不要であり，開発部門があって
も，アジャイル方式を採用していない組織では，その部分は不要です。ま
た，大半が委託である場合は，委託に関する管理に合わせてよりレベルの
高い規準を作成する必要があります。このように，システム管理規準は組
織に合わせて作成されるものです。

　さらに組織のライフサイクルやシステムのライフサイクルで規準も変化
していきます。システム管理規準にもライフサイクルがあることに留意す
る必要があります。システム監査も同様であり，その監査に合った規準を
用意しなければなりません。

図表 2-12　システム管理基準とシステム管理規準の関係図

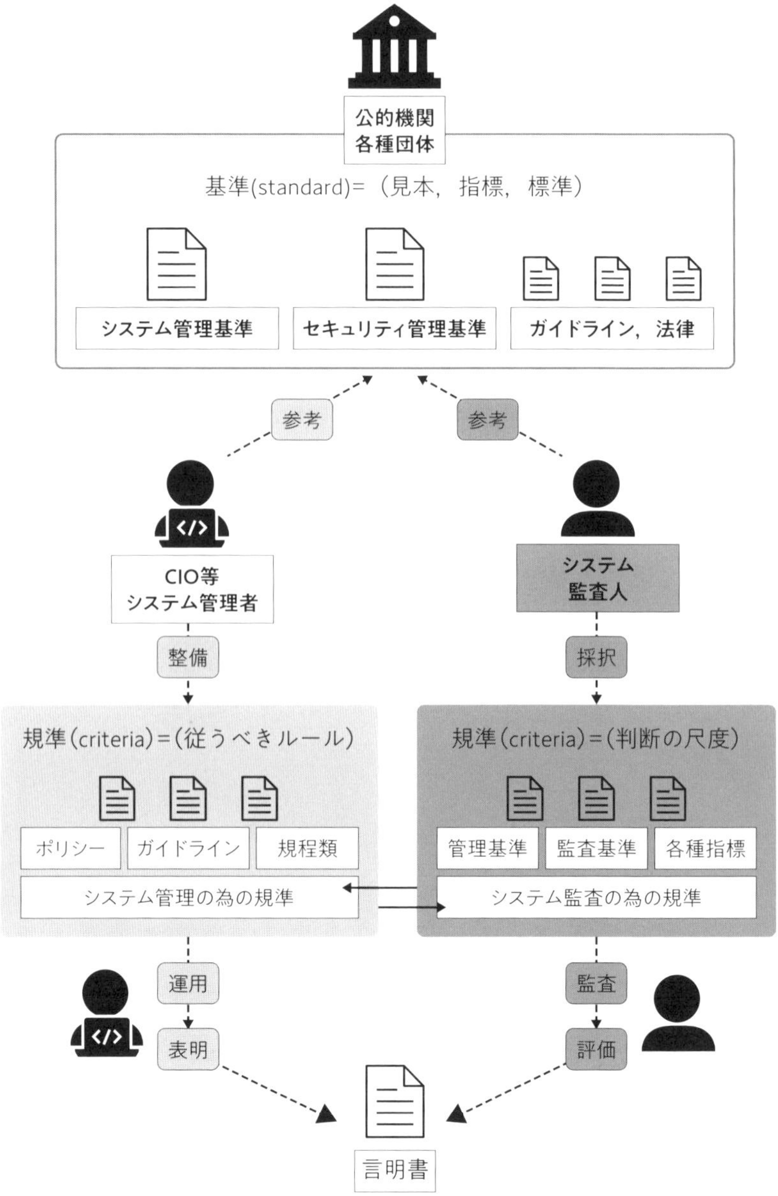

4. 規準の表現の違い

　システムの管理について，それぞれの規準や言明における表現の違い
は，**図表 2-13** のようになります。

図表 2-13　規準や言明におけるシステムの管理に関わる表現の違い

組織のシステム管理規準における表現 （要求事項）	○○○していること。 ○○○であること。
被監査組織の言明書における表現 （自己評価）	○○○している。 ○○○である。
システム監査人の判断規準 （確認事項）	○○○しているか？ ○○○であるか？

5. 基（もと）に準（ならい），規（のり）に準（したがう）

　実情として，システム管理基準は，基準と規準の両方の意味で使用され
ています。

　しかし，本来は異なる意味であり，システム監査人は，その位置付けや
関係をよく理解した上で，システム監査を実施しなければなりません。

　例えば保証型システム監査というと，経済産業省のシステム管理基準を
すべて満たさなければ，保証はできないような誤解もあります。助言型で
も，システム管理基準のみを目標とするシステム監査が多いようです。本来
システムの管理と規準は，その組織の実情に沿ったものでなければなりませ
ん。特に保証型システム監査を実施するにあたっては，組織の規準とシス
テム監査人の規準がどうあるべきかが大変重要なポイントとなります。それ
が言明書の作成につながり，保証の範囲を限定することにもなるからです。

　システム監査人は，そのことを念頭において，言明書をよく確認し，背
後にある規準を見通して，保証型システム監査に挑んでいく必要があると
いえます。

※本書に付随する「システム監査用語集」では，システム監査における
　「基準」と「規準」の違いを明確に定義していますので，ご参照下さい。

第 **3** 章

保証型システム監査の
契約まで

保証型システム監査の依頼があった場合，監査の契約を締結する前に済ませなければならない関門が多くある。監査依頼内容を確認し監査提案をするまでの「事前協議フェーズ」，「依頼フェーズ」，「提案フェーズ」の3つの段階である。

　大方のシステム監査の教科書では，監査の契約ありきでシステム監査の手順が述べられているが，保証型システム監査の場合には，被監査組織も監査人も監査の契約を締結する前に保証型システム監査がどのようなものであるかについて十分に認識を共有する必要がある。このことをしないまま監査手続に入っても，被監査組織，監査人ともに自らが望んでいたことが達成できないこととなる。

　場合によっては，監査の契約を結ばずに終わることもある。そこで，各フェーズにおいて，何をしなければならないか，なぜそのことが必要なのかを説明する。

　この3段階を終えて初めて監査契約を締結することができる。つまり，「契約フェーズ」である。保証型システム監査について依頼者が十分納得した後でないと監査契約の段階とならないことを，この章では十分に理解してほしい。

事前協議フェーズには，経営者またはCIO等と協議して監査の目的をはっきりさせる「(1) 事前インタビュー」，依頼者側に「保証」の意味を理解してもらう「(2) 保証型システム監査の理解促進」，「言明書」の意義や作り方を理解してもらう「(3) 言明書の理解促進」，言明書の作成に必要な資料や体制があることを確認する「(4) 必要情報の存在確認」，保証型システム監査が実施可能かを判断する「(5) 可監査性の確認」がある。

(1) 事前インタビュー

① 組織トップの意向確認

システム監査の依頼者が何を望んでいるのかを確認することがまず必要である。第2章3で見たように保証型システム監査には4分類がある。このうちのどの分類に該当するかを確認することは，依頼者の意向を具体的，可視的に依頼者と監査人とが確認できることにつながり有用である。依頼者の意向が曖昧なまま保証型システム監査を実施しても，どちらもが満足できない結果に終わることとなる。

依頼者が組織のトップでない場合は，組織のトップの意向を確認しなければならない。情報システムに理解が乏しいトップであれば，システム監査に誤解や過度の期待を抱いて保証型システム監査を依頼する稟議を承認しているかもしれない。監査にかかる日数や金額に思い違いがあるかもしれない。システム監査実施時に十分な協力が得られないかもしれない。

特に保証型システム監査でいう「保証」の意味は，情報システム監査の専門家であっても理解している人は稀であるので，組織のトップには十分に説

明して理解してもらわなければならない。「保証」の意味を理解されないまま保証型システム監査を実施した場合は，不満足な結果しか残らない。

②　監査目的の確認

　保証型システム監査の４分類を使って，依頼者が求めている監査目的がどのようなものであるかを確認する。ここでいう監査目的とは，監査により組織トップが目指そうとしているものである。組織のトップが後述する言明書の宣言文を作成する際に立脚するものである。依頼内容と監査目的にブレがないかどうかを明確にしておかないと，監査計画はなかなか立てられない。

③　監査目標の明確化

　監査目的が監査を実施することにより目指そうとしているものであるのに対して，監査目標は監査を実施する際に監査目的の中から選ばれてより具体的に規定された当面の達成すべき目当てをいう。

　CIO等が言明書の後半の統制内容を記述する際に必要となるものである。監査目標を明確にすることによって，可監査性の判断，監査費用の算定が容易になり，監査計画が具体的に立案できるようになる。

④　予算の確認

　以上までの手続で大まかな監査工数を見積もることができるので，そこで依頼者の用意している予算額とすりあわせを行う。予算額によっては，監査目的がまるで達成できない場合がある。予算額を増額して保証型システム監査を実施する場合もあれば，一部の監査目標が達成できればよいとして監査範囲を縮小して保証型システム監査を実施する場合もあるだろう。

　「事前協議フェーズ」では，組織トップとシステム監査人とを仲立ちし，経営者に直接進言できるキーパーソンが被監査組織内に居ることが必須である。そのようなキーパーソンがいないと，保証型システム監査の理解を進めることも，予算を確保することも困難となるだろう。

（2）保証型システム監査の理解促進

　第2章2（2）で記述したように，保証型システム監査の「保証」（assurance）とは，監査用語であり，他の者の行為やその結果としての事実について一定の責任を持って請け負うことをいい，システム監査報告書上でその意見が表明される。万一の場合に本人に代わって責任をとるという意味の法律用語である「保証」（guarantee）とはまるで異なる概念である。

　システム監査人は，表明した監査意見に対して責任を負い，被監査組織のIT統制そのものの欠陥や不備そのものに責任を負うわけではない。後者はあくまでも被監査組織が負うべき責任である。

　以上のことは，一般に理解が十分浸透していないので，保証型システム監査の依頼者に監査を実施する前に十分説明する必要がある。

　事前インタビュー時には，必ずプレゼンテーションの時間をとって，以下のことがわかっていないと保証型システム監査ができないことを，被監査組織のトップ以下要職の人達に十分理解してもらうようにしなければならない。

　システム監査人は監査意見に対して責任を負うこと，被監査組織のIT統制に対して格付け（認証）をするものではないこと，何らかの証明や検査をするものではないこと，監査証拠が必要十分でない場合は監査意見が出せないことがあることなどは，必ず説明しなければならない。

（3）言明書の理解促進

①　言明書の必要性・意義

　監査の前提に監査命題が必要なことは，第1章1（3）で述べたところである。保証型システム監査での監査命題は言明書である。言明書なくして保証型システム監査はできない。認証業務では言明書は必要ではない。格付けする対象も審査基準も審査員が決めるものである。何らかの不備や欠陥があれ

ば格付けのランクが低くなるだけである。保証型システム監査は，認証業務のように固有の審査基準で判断するものではなく，監査対象も監査人が指定するわけではない。言明書に記述された対象についてシステム監査を行い，言明書に記述された IT 統制がシステム監査人の取捨選択したさまざまな監査規準に照らし合わせて適切である場合に肯定的意見を述べることができる。

　保証型システム監査では，言明書の中で何らかの不備や欠陥を記述することはあり得る。そして，システム監査報告書は，そのような不備や欠陥があることで否定的意見になるわけではなく，言明書の言明が実態を示しており経営者または CIO 等がそのことを認識していれば肯定的意見を表明することになる。できていないことをできていると言明すれば問題として指摘するが，できていないことをできていないと言明し対処法を記述していれば，システム監査人は問題としない。

　監査意見とはそのようなものであることを，言明書を書く人達に十分理解してもらうことが大切である。

② 　言明書の作成要領
　言明書の宣言文部分は，経営者または CIO 等が自組織の経営戦略（情報戦略）に基づき書き上げるものである。IT にかかわる複数の管理目標をいずれも同等のレベルで維持しようとする情報戦略もあり得るが，経営者の経営方針により，あるいは組織や経営環境の違いから，管理目標間で重点に軽重の差を付けることは自然である。

　保証型システム監査の 4 分類のうち，「経営者主導方式」と「社会主導方式」では言明書の宣言文部分は，管理目標間に重点の軽重の差を付けることが自然であり，その場合は管理目標のどれに重点を置いているかを宣言文で明らかにすることが大切である。

　経営者主導方式では，経営者が，例えば安全性，信頼性，効率性のいずれかに重点を置いていると宣言することは自然である。正直な言明書であれば

保証型システム監査に手戻りは少ないのである。

　社会主導方式もしかりである。社会主導方式の一例である「特定個人情報保護評価書」ではリスクへの対策を「1．特に力を入れている，2．十分である，3．課題が残されている」の3段階で記載することとなっている。特定個人情報保護評価書は，そもそも安全性に重点を置いており，その中でも軽重の差を付けていることを言明書が記述している一例である。しかし，「委託者主導方式」と「受託者主導方式」で委託者が要求レベルを提示した場合は，システム監査を受ける者（受託者）が管理目標間に軽重を付けることはできない。なぜなら，管理目標をどう設定するかは委託者が既に規定しているからである。委託者が要求水準を決めているので，言明書に委託者の求めている管理目標と異なる目標を記述することは，システム監査を受けて保証意見を得ても意味がない。委託者が満足しない監査意見を得ることになる保証型システム監査を受託者はそもそも依頼しない。そのような保証型システム監査はあり得ないのである。

　言明書の，どの管理目標も完璧であるという宣言文は絵空事である。そのような場合には，保証型システム監査を実施した結果，否定的意見となることは明らかであり保証型システム監査を実施する意味がない。（本章2（1）を，併せて参照のこと）

　平成28年（2016年）1月1日に運用開始された特定個人情報保護評価書制度での監査では，個人情報保護のシステム監査および自己点検を求めている。しかし，保証型システム監査の実施を義務化していないが，「全項目評価書」に記載された「個人のプライバシー等の権利利益に関する保護の宣言」に関する宣言文は，保証型システム監査を実施する上での言明書に該当する。特定個人情報保護評価書制度の初期に「全項目評価書」で多く見られたのは，言明書の後段を自組織で作成しないで外注業者に作成委託したために，前段で経営者またはCIO等が目指した情報戦略と後段の内容に齟齬を来していた事例である。

言明書の後段を組織内の部署ごとにまちまちに記述している場合も多く見られた。最低でも，言明書で使う用語を統一しなければならない。

言明書の書式サンプル（**図表 2-1**）にあるように，後段の構成を，想定されるリスク，統制目標・統制のための要求項目，管理策・統制の具体的内容，証拠資料・自己評価の根拠，自己評価・統制目標の達成度というように統一して決めておくことが有用である。

言明書の後段は統一した用語，構成で記述されていなければならない。

「依頼フェーズ」で言明書の調整が行われるが，ここで述べた作成要領に留意して言明書を作成していないと，「依頼フェーズ」で言明書を一から作り直すほどの労力を求められることがあり得るので，注意が必要である。

③　言明書の構成例[1]

宣言文は，経営者または CIO 等が自ら経営する組織の IT 統制で何ができて何ができていないかを明確に表明するところに意義がある。保証型システム監査の 4 分類のうち委託者主導方式および要求レベルを提示した受託者主導方式では委託者の要求レベルを下回ることはできないが，他の分類ではできていないことがある場合は，正直にその旨を記述しなければならない。そうでないと，保証型システム監査の肯定的意見が表明されない。この点は重々留意されたい。

図表 3-1 は，言明書中の宣言文の一部である。ここで例示された言明書のサンプルは，実例をアレンジしたもので，経営方針を明確に主張し，IT 統制で何を実施し何を実施しないかをきわめて素直に表明したものである。なお，この宣言文例は，経営者の主張と，何ができていないかを表明している点を誇張しており，模範例というわけではない。

1　第 2 章 2（1）の図表 2-1「保証型システム監査における言明書の基本構成（例）」を参照。

図表 3-1　言明書中の宣言文の一部（例）

経営者の言明書

○○年○月○日
○○○○株式会社
代表取締役　○○○○

セキュリティの基本方針

　私は，私の経営方針が全社員に浸透するよう取締役会で指示を出し，あるいは社内報で伝達している。また，その経営方針通り社員が各自の職務を遂行しているか否かを上長から報告させ，内部監査により確かめている。指示通りに職務遂行していない場合は，場合によっては個別に指導をしている。業務の遂行には情報システムを有効に活用することに留意しているが，特に方針を文書にはしていない。常務が情報システムに関して知見と経験があるので，具体的な情報システムの運用方針は常務に任せている。

組織のセキュリティ

　情報システムの管理は，メールを含め，情報システム課に担当させている。ただし，技術部が部門内で利用しているアプリケーションについては，技術部に運用管理を担当させている。管理体制は詳細に規定している。

資産の分類及び管理

　持ち出されて一番困るのは，技術情報（たとえば○○の配合表など）であるが，過去に重大な事故がなかったので情報資産の分類はしていない。もちろん，取扱製品の技術情報や顧客情報は，機密情報として守らなければならないものと考えている。

人的セキュリティ

　当社は誠実な社風があって，社員は法令や社内規程を遵守するので，退職者を除き不安はない。また，J-SOX の導入に際し，内部統制監査で耐えうるように IT 全般統制の規程整備はしている。

物理的及び環境的セキュリティ

　基幹業務を載せている現行装置は安全性が高く，セキュリティレベルを上げると使い勝手が悪くなるので，検討した結果業務効率性を優先して運用している。機械室は ID と PW がなければ入室できないようにしている。リモートメンテを受ける際は，電話で連絡を受けてから特定の外部委託先に接続する方法をとっている。

通信及び運用管理

　ネットワークがクローズなので外部侵入等のセキュリティリスクはほとんどないとして，監視していない。社員の ID，PW は情報システム課で一元管理している。

システムの開発及び保守

　システムの開発と運用の分離は行っていない。基本的には外部で開発するので，社内に開発環境を設けるつもりはない。

（以下略）

（4）必要情報の存在確認

　監査チームは，保証型システム監査の前提条件となる可監査性を確認するにあたり，被監査組織に必要最低限の資料が存在するかについて確認する。

- 規程類，規準，ガイドライン（手順書・マニュアル等）のリストによる存在確認
- 最新の情報システム構成図，情報ネットワーク構成図の存在確認
- 情報システム，情報セキュリティ，リスク管理にかかる組織体制図の存在確認

　この段階では，各資料の存在を確認することが目的であり，規程やマニュアル通りに業務が行われているか，組織体制図に基づいた組織運営がなされているか等は，監査の実施において確認されることになる。

　存在確認すべき規程類を**図表 3-2** に示す。

図表 3-2　存在確認すべき規程類（例）

規程等	内容
システム管理規準	組織の状況に合わせて作成された規準
情報システム基本方針	情報システム管理の体制および方法
個人情報取扱規程	個人情報の管理方法
情報資産の管理規程	あらゆる情報資産の管理方法
アクセス管理規程	システムへのアクセスコントロール
電子メール利用規程	電子メールからの情報漏洩対策
機密情報管理規程	機密情報の管理・保管方法
情報機器管理規程	持ち出し PC や携帯電話の管理
リスク管理規程	リスクの明確化，対応体制および対策
外部委託先管理規程	外部委託契約の指針

(5) 可監査性の確認

　監査チームは，被監査組織の可監査性が確保されていることについて確認し，保証型システム監査の実施が可能であることを合意する。

　可監査性が確保されていることの判断材料としては，(4)で挙げた必要情報の存在に加え，以下の点を確認する。

- 言明書（作成要領に留意して作成したもの）の有無
- 規程，システム管理規準等，ガイドラインが法令や社会情勢に対応して改訂されていること
- 規程，システム管理規準等，ガイドラインに基づいてコントロールされていることを示す証拠の有無

② 依頼フェーズ

システム監査を依頼する者は，前節の「事前協議フェーズ」で保証型システム監査の内容を十分理解した上で，言明書を準備し，依頼書を作成する。実際の作成にあたっては，保証型システム監査の4分類によって作成主体や手順，内容が異なる。以下に事例サンプルをもとにした詳細を説明する。

（1）言明書の作成

言明書は，システム監査を依頼する目的に基づき，その時点での自組織のIT統制状況について取りまとめたものである。また，自治体の特定個人情報保護評価書のように，既に作成され公開されているものもある。

ただし，システム監査は，監査する時点でのIT統制状況について意見を表明するものであるため，現状と異なる言明書は適切ではない。最新の統制内容に合わせて改訂する必要がある。

① 経営者主導方式

経営者は，自組織のIT統制状況について，普段からITにかかわる責任者（CIO等）による報告を受けている。経営者はその報告による管理レベルを確認するために保証型システム監査をシステム監査人に依頼する。したがってこの場合，言明書は情報システムの責任者（CIO等）が作成し経営者に提出する。経営者は，その言明書をシステム監査人に提示し意見を求める。

【システム監査の依頼者】経営者

【システム監査の目的】自組織のIT統制状況について，情報システムの責任者からの報告が信頼できるものであるか確認するため。

【言明書の作成主体】情報システムの責任者

経営者主導方式における言明書の作成手順を**図表 3-3** に示す。

経営者主導方式による言明書（例）を**図表 3-4** に示す。

図表 3-3　経営者主導方式における言明書の作成手順

STEP1	経営者は，事前協議フェーズで監査人と合意した内容にもとづき，監査テーマに沿った言明書の作成を，情報システムの責任者（CIO 等）に指示する。
STEP2	情報システムの責任者（CIO 等）は，経営者の指示内容にもとづき，情報システムの管理者（担当者）に，現状の IT 統制状況について，取りまとめを指示する。
STEP3	情報システムの管理者（担当者）は，言明書の様式に従い，監査テーマに沿った，想定されるリスク，統制目標，具体的な管理策，裏付けとなる証拠資料，運用状況に応じた達成度と自己評価を取りまとめる。
STEP4	情報システムの責任者（CIO 等）は，取りまとめられた統制内容について情報システムの管理者（担当者）と確認し，全体としての自己評価を宣言文としてまとめる。
STEP5	情報システムの責任者（CIO 等）は，作成された言明書を，経営者に提出し報告する。
STEP6	経営者は，言明書をもとに保証型システム監査をシステム監査人に依頼する。

図表 3-4 経営者主導方式による言明書（例）

宣言文

『当社システム監査対象システムに対する IT 統制状況の言明』

〇〇年〇月〇日

〇〇〇〇　システム監査人　殿

株式会社〇〇〇〇
取締役社長　〇〇〇〇

　当社は，財務会計システムに対する下記の 4 項目の IT 統制目標を設定し，手続き文書を制定し，同業同規模の企業に遜色ないレベルで運用していることをここに言明する。詳細は下記のとおりである。

統制内容と自己評価		
リスク		財務報告の信頼性が損なわれるリスク
	統制目標	システムの開発・保守が適切に管理されていること。
	管理策	● 適切な開発手続きを定め，周知している。
	証拠資料	「システム開発・保守管理規程」，過去の開発・保守ドキュメント
	自己評価	定めた手続きどおり実施されている。
	統制目標	システムの運用・管理が適切であること。
	管理策	● 適切な運用手続きを定め，周知している。
	証拠資料	「システム運用・保守管理規程」，過去の運用実績・確認表
	自己評価	定めた運用手続きどおり実施されている。
	統制目標	システムの安全性が確保されていること。
	管理策	● 安全性に関する適切な手続きを定め，周知している。
	証拠資料	「安全管理規程」，過去の安全研修実績・確認表
	自己評価	定めた手続きどおり実施されている。
	統制目標	システムの外部委託が適切に管理されていること。
	管理策	● 外部委託先を選定する適切な手続きを定め，周知している。
	証拠資料	「外部委託管理規程」，過去の外部委託先選定，同管理運用実績表
	自己評価	定めた選定手続きどおり実施されている。

②　委託者主導方式

委託者がシステム開発やITにかかわる業務を外部の組織に委託する場合，自組織が望む管理レベルを委託先に求める。受託者（委託先）は，その委託者の要求レベルを満たしていることを言明書によって報告する。委託者は，その言明書をシステム監査人に提示し意見を求める。

この方式の場合，監査の起点は委託者であり，システム監査の結果は，受託者が信頼できる委託先であるかを判断するための尺度となる。したがって受託者の都合にかかわりなく，委託者の意向が強く反映された言明書となる。

【システム監査の依頼者】委託者（委託責任者，経営者）

【システム監査の目的】受託者（委託先）組織のIT統制状況について，受託者（委託先）情報システムの責任者からの報告が信頼できるものであるか確認するため。

【言明書の作成主体】受託者（委託先）情報システムの責任者

委託者主導方式における言明書の作成手順を**図表3-5**に示す。

図表3-5　委託者主導方式における言明書の作成手順

STEP1	委託者は，事前協議フェーズで監査人と合意した内容にもとづき，監査テーマに沿った言明書の作成を，受託者に指示する。
STEP2	受託者は，委託者の指示内容にもとづき，自社の情報システムの責任者（CIO等）に，現状のIT統制状況について，取りまとめを指示する。
STEP3	受託者の情報システムの責任者（CIO等）は，情報システムの管理者（担当者）に，現状のIT統制状況について取りまとめを指示する。
STEP4	受託者の情報システムの管理者（担当者）は，言明書の様式に従い，監査テーマに沿った，想定されるリスク，統制目標，具体的な管理策，裏付けとなる証拠資料，運用状況に応じた達成度と自己評価を取りまとめる。
STEP5	受託者の情報システムの責任者（CIO等）は，取りまとめられた統制内容について情報システムの管理者（担当者）と確認し，受託者の経営者に報告する。
STEP6	受託者の経営者は，取りまとめられた統制内容について情報システムの責任者（CIO等）と確認し，全体としての自己評価を宣言文としてまとめる。
STEP7	受託者は，作成された言明書を，委託者に提出し報告する。
STEP8	委託者は，言明書をもとに保証型システム監査をシステム監査人に依頼する。

委託者主導方式による言明書（例）を**図表 3-6** に示す。

図表 3-6　委託者主導方式による言明書（例）

宣言文		
『ソフトウェア開発における基本遵守事項に関する言明』		

○○年○月○日

（委託元）○○○○株式会社　殿

（受託者）○○○○株式会社

　弊社は，○○年○月から御社の販売管理システムの開発を受託する予定である。販売管理システムの開発にあたっては御社からの要求事項である「ソフトウェア開発に対する基本遵守事項」を守り，ソフトウェア開発を行えることをここに言明する。詳細については以下の通りである。

統制内容と自己評価		
リスク		開発されたシステムが，要求通りの機能・品質・コストを満たさないリスク
	統制目標	企画・開発から保守・運用に至る各プロセスにおける役割分担及び責任権限等を明確化し，合意すること。
	管理策	● 今回の開発にあたり，共通フレーム 2013 を参照し，個々のプロセスに関する双方の役割・責任を文書化し，合意している。
	証拠資料	「覚書」「開発計画書」「役割分担表」
	自己評価	役割分担及び責任権限等は基本遵守事項を満たしている。
	統制目標	具体的な機能要件及びその実現性並びに実現・運用コスト等について明確化及び文書化し，合意すること。
	管理策	● 当社の開発規程では，情報システム利用者及び供給者協力の下，発注仕様に基づき機能要件を明確化及び文書化することが定められている。
	証拠資料	「システム開発規程」，過去の開発ドキュメント
	自己評価	機能・コスト等は十分に分析され文書化されている。
	統制目標	非機能要件の実現に向けた利用者・供給者間で合意すること。
	管理策	● 当社の開発規程では，JIS X 0129 で定められた品質に関する特性を参考に非機能要件を抽出し，文書化されている。
	証拠資料	「システム開発規程」，過去の開発ドキュメント
	自己評価	非機能要件の抽出は，JIS X 0129 に従い基本遵守事項を満たしている。

統制目標		情報システムの設計に当たり，フェールセーフの観点から，各種障害に対して発生時の業務・サービスへの影響の防止及び最小化に努めること。
	管理策	● システム構成要素や機能の二重化・多重化を設計に織り込んでいる。
	証拠資料	「システム開発規程」，過去の開発ドキュメント
	自己評価	想定される障害に対する対策は十分である。
統制目標		情報システムに求められる信頼性・安全性の水準に応じたテスト及びレビューを行い，当該システムの機能要件及び非機能要件に対する適合性の確認に努めること。
	管理策	● 情報システム利用者による仕様適合性の確認及び実環境における利用可能性の確認に向け，情報システム利用者の協力によるテスト及び試行等を実施している。
	証拠資料	「システム開発規程」，過去の開発ドキュメント
	自己評価	ユーザーによるテスト及びレビューは適切に行われ，十分検証された。

③　受託者主導方式

　委託者からシステム開発やIT業務を受託する場合，委託者の要求する管理レベルを満たしていることを，受託者が主体的に宣言することにより，委託者に安心してもらうことができる。この場合，言明書は，委託者の要求レベルまたは業務受託に備えた要求レベルで受託者自身が作成する。受託者は，その言明書をシステム監査人に提示し意見を求める。

　この方式の場合，監査の起点は受託者であり，受託者は，言明書と監査結果を合わせて委託者に提示することにより，委託者の信頼を得ることができる。また特定の委託者を対象とするだけではなく，共通するレベルの特定の業界や受託する業務の一般的な要求レベルに合わせて実施し，複数の委託先に提示することを目的として行うこともできる。

【システム監査の依頼者】受託者

【システム監査の目的】業務を受託するにあたって，自社（受託者）のIT
統制状況が，委託者の要求レベルを満たしているか確認するため。

【言明書の作成主体】受託者（情報システムの責任者）

受託者主導方式における言明書の作成手順を**図表 3-7** に示す。

受託者主導方式による言明書（例）を**図表 3-8** に示す。

図表 3-7　受託者主導方式における言明書の作成手順

STEP1	受託者は，事前協議フェーズで監査人と合意した内容にもとづき，監査テーマに沿った言明書の作成を，自社の情報システムの責任者（CIO 等）に指示する。
STEP2	情報システムの責任者（CIO 等）は，情報システムの管理者（担当者）に，現状の IT 統制状況について，取りまとめを指示する。
STEP3	情報システムの管理者（担当者）は，言明書の様式に従い，監査テーマに沿った，想定されるリスク，統制目標，具体的な管理策，裏付けとなる証拠資料，運用状況に応じた達成度と自己評価を取りまとめる。
STEP4	情報システムの責任者（CIO 等）は，取りまとめられた統制内容について情報システムの管理者（担当者）と確認し，経営者に報告する。
STEP5	経営者は，取りまとめられた統制内容について情報システムの責任者（CIO 等）と確認し，全体としての自己評価を宣言文としてまとめる。
STEP6	受託者は，言明書をもとに保証型システム監査をシステム監査人に依頼する。

図表 3-8　受託者主導方式による言明書（例）

宣言文

『個人情報を取り扱う受託業務の情報セキュリティ管理手続に関する言明』

〇〇年〇月〇日

〇〇〇〇　監査人　殿

株式会社〇〇〇〇

　当社は，自治体から業務を受託するにあたり，個人情報を含む機密情報を共有する。当社における該当情報の取扱い，管理及び業務全般について，自治体からの要請事項である「〇〇〇情報セキュリティ基準」に基づき，以下の通り情報セキュリティ管理策を設定し，実施していることをここに言明する。

統制内容と自己評価	
リスク	個人情報が漏洩するリスク
統制目標	情報セキュリティを組織的に進められる体制を構築する。
管理策	●情報セキュリティ管理についての組織体制を構築している。 ●組織内の情報セキュリティ実施項目について，責任者および関連する役割と責任を明確化している。 ●情報セキュリティに関する基本方針を制定し，文書化している。
証拠資料	「組織図」「業務分掌表」「情報セキュリティポリシー」
自己評価	目標とする体制は構築されている。
統制目標	機密管理が必要な情報を特定し機密管理に必要な管理ルールを策定する。
管理策	●機密情報及びこれを利用して創出した機密情報を明確にしている。 ●機密情報の受け渡しに関する管理ルールを制定している。 ●情報資産の持ち出し，持ち込みに関する管理ルールを制定している。 ●不正プログラムやウイルスに対する管理ルールを制定している。 ●バックアップに関する管理ルールを制定している。
証拠資料	「情報セキュリティ管理規程」
自己評価	要求を満たす管理ルールは策定されている。
統制目標	機密保持の誓約等，情報漏洩を防止する人的な対策を実施する。
管理策	●情報セキュリティに関する教育・訓練を実施している。 ●従業員等と機密保持誓約を締結している。
証拠資料	「社内研修実施記録」「機密保持誓約書」
自己評価	必要な訓練と機密保持の対策は実施され十分である。
統制目標	情報セキュリティ関連の事故が発生した場合の対応を明確化し実施する。
管理策	●事故報告・対応体制を確立している。 ●事故対応マニュアルを作成している。 ●再発防止策を策定し，実施している。
証拠資料	「事故対応フロー図」「事故対応マニュアル」「事故対応記録」
自己評価	事故対応の手順は明確化され，有効に機能している。
統制目標	組織的な改善活動が実施できるように，PDCAを実施する。
管理策	●情報セキュリティ対策が正しく実施されているかを見直す為に，自己点検を実施し，改善活動のための体制を構築している。
証拠資料	「自己点検記録簿」
自己評価	自己点検は適切に実施され，改善活動の体制は機能している。

④ 社会主導方式

　自組織のIT統制によって，地域社会や多くの一般顧客など，不特定多数の利害関係者に責任を負う場合，その組織の独自のレベルではなく，一般に周知された高レベルな基準のIT統制が求められる。経営者は，そのレベルを情報システムの責任者（CIO等）に求め，普段からその達成状況の報告を受けている。経営者は，その報告をもとに言明書を作成し，システム監査人に提示し意見を求める。

　この方式の場合，監査結果は自らのためだけではなく，利害関係者への説明責任を果たす目的にも使われる。したがって，言明書も監査結果と合わせて，第三者や社会に公表される場合があることに留意する必要がある。

【システム監査の依頼者】経営者

【システム監査の目的】自組織のIT統制状況について，不特定多数の利害関係者への説明責任を果たせるレベルのものであるか確認するため。

【言明書の作成主体】情報システムの責任者

　社会主導方式における言明書の作成手順を**図表 3-9** に示す。
　社会主導方式による言明書（例）を**図表 3-10** に示す。

図表 3-9　社会主導方式における言明書の作成手順

STEP1	経営者は，事前協議フェーズで監査人と合意した内容にもとづき，監査テーマに沿った言明書の作成を，自社の情報システムの責任者（CIO等）に指示する。
STEP2	情報システムの責任者（CIO等）は，情報システムの管理者（担当者）に，現状のIT統制状況について，取りまとめを指示する。
STEP3	情報システムの管理者（担当者）は，言明書の様式に従い，監査テーマに沿った，想定されるリスク，統制目標，具体的な管理策，裏付けとなる証拠資料，運用状況に応じた達成度と自己評価を取りまとめる。
STEP4	情報システムの責任者（CIO等）は，取りまとめられた統制内容について情報システムの管理者（担当者）と確認し，経営者に報告する。
STEP5	経営者は，取りまとめられた統制内容について情報システムの責任者（CIO等）と確認し，全体としての自己評価を宣言文としてまとめる。
STEP6	経営者は，言明書をもとに保証型システム監査をシステム監査人に依頼する。

図表3-10　社会主導方式による言明書（例）

宣言文

『被災者支援システムの災害対策に関する言明書』

○○年○○月○○日

○○○○　監査人　殿

K市市長

　本市では，東日本大震災によって地方自治体が被った甚大な被害と住民サービスへの影響に鑑み，災害時の対策としてBCPの構築，整備を進めている。その中で危機管理下における情報システムの果たす役割と重要性は高く，情報センターでは特に災害時の速やかな住民支援サービスの実施につなげるため，○○年○月○日より「被災者支援システム」に重点を置いて災害対策を行ってきた。私たちはシステム管理基準に準拠し下記の範囲で対象システムに対する適切な管理策を整備，実施していることを言明する。

統制内容と自己評価		
リスク	大規模災害時に被災者情報管理システムが使用できなくなるリスク	
統制目標	組織的なリスク分析を実施する。	
	管理策	●大規模災害のリスクと対象システムに与える影響範囲を明確にしている。 ●対象システムの停止により，市民が被る損失を分析している。 ●業務の回復許容時間及び優先順位を定めている。
	証拠資料	「リスク分析書・評価書」「情報システム障害影響分析表」「業務別回復許容時間表」「回復優先順位表」
	自己評価	リスク分析は十分に実施されている。
統制目標	災害時対応計画を策定する。	
	管理策	●リスク分析の結果に基づき，K市のBCPと整合性をとった災害時対応計画を策定している。 ●災害時対応計画は，組織体の長である市長が承認した。 ●災害時対応計画の実現可能性を検討した。 ●災害時対応計画の中で，職員の教育訓練の方針を明確にしている。 ●災害時対応計画は，必要に応じて見直す。
	証拠資料	「災害時対応計画書」「災害時対応訓練計画書」「議事録」
	自己評価	必要な災害時対応計画は，整備されている。
統制目標	バックアップ対策を実施する。	
	管理策	●被災者支援システムが必要とするデータ及び関連設備のバックアップ方法並びに手順は，業務の回復目標に対応して定めている。

		● 情報センターの責任者は，上記バックアップ方法及び手順を検証している。
	証拠資料	「システム構成図」「バックアップシステム仕様書」「バックアップマニュアル」「バックアップログ」
	自己評価	バックアップ対策は十分である。
統制目標		代替処理・復旧手続きを定め，体制を構築する。
	管理策	● 情報センターでは，復旧までの代替処理手続き及び体制を定め，検証している。 ● 情報センターでは，復旧手続き及び体制を定め，検証している。
	証拠資料	「情報システムに係る緊急時対応計画書」
	自己評価	代替処理・復旧手続きの体制は，十分である。
統制目標		訓練を実施する。
	管理策	● 「災害時対応訓練計画書」で定められた訓練を，年1回実施している。 ● 訓練の結果により，「災害時対応訓練計画書」の内容を見直している。
	証拠資料	「災害時対応訓練計画書」「復旧訓練実施記録」
	自己評価	災害に対応した訓練は，十分に実施されている。

（2）依頼書の作成

　依頼書は，言明書の内容について，システム監査人に意見を求めるものであり，「事前協議フェーズ」で述べた意向を文書化する。併せて，希望時期や期間，実施条件，監査結果の利用範囲，必要に応じて予算なども明示する。

　保証型システム監査の場合，依頼者が「○○○について保証してほしい」などの表現を使うことは不適切である。依頼の内容は，あくまでも依頼者が提出した言明書について，そのとおりであるか，妥当であるか，システム監査人の立場で意見表明してほしいという表現が望ましい。

　実際の依頼書では，次のような項目について記載する。

　①　依頼の背景

　対象システムの概要や，システム監査を依頼するに至った背景などを簡潔に記載する。依頼者のニーズがここに表現される。

② 依頼の目的

　何のために監査を依頼するのか？　システム監査人に意見表明してほしいことは何か？　その目的を明確にする。

③ 希望時期

　希望する監査の実施期間や，あるいは希望する監査報告の時期などを記載する。

④ 希望予算

　希望する予算を記載する。

⑤ 実施条件

　実施にあたって，前提条件や制限事項，お願いしたい内容を記載する。過去の実績や保有資格を条件とする場合もある。

⑥ 監査報告書の利用範囲

【経営者主導方式】自組織内での利用に限ることが望ましい。

【委託者主導方式】委託者組織内での利用が主となる。

【受託者主導方式】委託者へ提示するが，同じ報告書を複数の委託者へ提示することも考えられる。

【社会主導方式】広く一般に公開したり，利害関係者へ公開したりすることがある。その場合は，依頼書に必ず明記しておく必要がある。

図表 3-11 に経営者主導方式による依頼書の例を示す。

図表3-11　経営者主導方式による依頼書（例）

保証型システム監査提案依頼書

（監査組織名）○○○○　様

（依頼者組織名）○○○○
（経営責任者）○○○○

　当組織では，経営に必須であるIT利活用を推進すべく，積極的にITへの投資を行ってきました。IT部門を中心として，自社で運用を行い，リスクを低減すべく様々な取り組みを行っています。ついては，下記の内容で，対象システムに係わる保証型システム監査の提案をお願い致します。

1．依頼の背景
　　○○○システムは，○○年に導入され，2度の更新をへて現在にいたっている。主要ユーザー部門は○○○であり，運用は○○○が担っている。○○年に一度運用ミスによる事故があり，それを契機にシステム管理の内容を見直し厳格化した。システム管理の責任者からは，現在の統制内容は，十分であると報告されているが，そのとおりか確認したい。

2．依頼の目的
　　対象システムについて，添付の言明書に記載されているシステム管理の内容が，実際にそのとおり運用されており，過去の事故のようなリスクを低減させるのに有効であるか，また組織の規模や実状にあった妥当なものであるか意見が欲しい。

3．希望時期
　　○○年○○月～○○年○○月

4．希望予算
　　○○○○○○○円以内で

5．実施条件
　　実施前に秘密保持契約を締結すること。
　　実施場所は，本社内に限る。
　　提出する資料等は，情報セキュリティに配慮してほしい。
　　ITの運用に影響のないようお願いしたい。

6．監査報告書の利用範囲
　　組織内でのみ利用する

3　提案フェーズ

（1）依頼内容検討

　依頼者から提示された依頼書，言明書の内容を見て，必要情報の存在確認，可監査性の確認等，前節までにおいて記載したところでもある以下の事項を検討し，保証型システム監査の可否を判断する。もし，言明書がない場合には，言明書の作成に関する提案を次項（2）に含める。

- 監査証拠が収集可能であるか
- 保証範囲を明確にできるか　例）4分類に応じた言明書の詳細度が妥当か
- 監査計画（スケジュール）
- 過去の助言型監査の報告書があれば指摘事項や助言内容を見て，保証型システム監査を受ける成熟度に達しているかを確認する
- 監査報告書の使途として公開を意図されているか否かを確認する

　また，依頼内容を踏まえて保証型システム監査に関する知識経験を有する監査チームが組成可能であるかを検討する。

（2）提案書の作成

　以下の事項等を盛り込んだ提案書を作成する。

- 依頼内容
- 監査の目的と範囲
- 監査計画（スケジュール）

- 監査体制（監査実施担当者，監査品質管理者，内部監査人と外部監査人の組み合わせ）
- 提案金額（可能な範囲で工数等も記入する）
- 成果物
- もし，「監査人の要件」として，資格・経験実績等の提示を求められた場合には，その証拠となる資料を示す。（例：資格の合格証書や認定書，監査事案の契約書，公表された論文等）

なお，「機密保持契約」損害賠償の上限設定については，別途次節4に記載する。

(3) 提案書の提出

上記（2）で作成した提案書を先方の経営層に提出し，提案書の内容とともに次の事項を説明する。
- 保証の意味や範囲
- 制約事項　（監査時点での保証であることや監査の限界など）
- 監査人の責任限定　（提示された資料に基づいた監査であること，損害賠償の上限設定など）

図表 3-12 に保証型システム監査の提案書の例を示す。

図表3-12　保証型システム監査の提案書（例）

○○業務に関する保証型システム監査のご提案

　貴社ますますご清栄のことと心からお喜び申し上げます。
　平素は格別のご厚情を賜り，厚く感謝いたしております。
　今後の進め方について，これまでの打ち合わせ内容に基づき，以下のご提案をさせていただきます。

1．本件業務の名称　　○○業務に関する保証型システム監査
2．目的と内容
- 保証型情報システム監査の目的：○○業務で扱う○○情報の安全管理措置が言明書に記載されたとおり，適切に実施されていることについてシステム監査人から保証意見を得る。
- 保証内容，保証事項
- 監査対象（対象業務範囲，対象部署名，関係する組織体制）
3．監査の体制（責任者，担当者）と採用する基準
- システム監査責任者名，システム監査実施担当者名，システム監査の品質管理者名
- システム監査人の保有資格（公認システム監査人，情報処理システム監査技術者など）
- もし，被監査組織の内部監査人が参画される場合は，その旨を記載する。
- 採用する管理規準：システム管理基準，情報セキュリティ管理基準
- 監査方法：関係文書の確認，経営層と業務担当部署へのアンケートやヒアリング，現地往査
4．システム監査報告書の公表範囲：貴組織外へ開示せず，貴組織内での利用に限るものとします。
5．委託料
6．監査実施時期・期間：○○年○月～○○年○月
7．監査報告：○○年○月にシステム監査報告書を提出する。
8．監査実施に際して協力いただきたい事項
- 監査人が必要と判断した資料の提供
- 監査人が必要と判断した職務室への入室許可
9．補足：以下の事項は契約書で定義するものとする。
- 秘密情報の取扱い，納入物の権利帰属，責任の範囲，損害賠償，専属的合意管轄

---

4 契約フェーズ

　契約フェーズは，「提案フェーズ」で依頼者と監査人が確認した監査業務を監査契約書で合意するフェーズである。監査契約で合意すべき項目と専門家としてのシステム監査人の倫理を説明する。

　また，「提案フェーズ」で詳細な提案を行うため事前に依頼者に詳細な業務情報の提供を要請することがある。この場合は，機密保持に関する覚書を交わし，依頼者に安心して情報を提供してもらえるようにする。機密保持に関する覚書と関連する情報も併せて説明する。

(1) 監査契約書で合意すべき項目

① 監査契約の要領

　「監査対象」，「監査の内容および範囲」および「監査期間」を記載する。

　「監査の内容および範囲」は，「提案フェーズ」で合意した提案書を別途添付してもよい。

　「監査期間」は，監査を実施する期間で監査報告書の提出（納期）までの期間を定める。

　保証型システム監査は，監査後の将来にわたって言明書の内容を保証するものではない。監査証拠が確保できる過去の時点から監査時点までの期間について保証することになる。

　監査が対象とする保証期間については，提案書に定める。通常は事業年度を保証期間とすることが多い。

②　監査人による業務遂行と制限

　監査業務を遂行する際にシステム監査人がその行動の拠り所とする倫理基準を記載する。

　また，監査途中で保証型システム監査が実施できないと判断した場合には，助言型システム監査に移行することを記載し監査委託者との間で合意しておく。

③　監査業務の実施場所と担当者

　監査の実施場所を定める。被監査組織が用意した監査証拠を現地の会議室等で閲覧したり，被監査組織での業務実施状況について執務室へ立入調査する場合もあるため，監査実施場所への立入許可が必要になることを認識しておく必要がある。

　監査担当者の構成を明確にし，監査の知見があるメンバーで監査が行われることを示す。また，監査実施にあたっては「監査品質管理責任者」によるチェックが行われることも記載しておく。

④　監査報酬

　監査報酬金額および支払方法を合意しておく。

　報酬ベース金額は単価×工数（人月）で計算し，リスク要因を勘案して提示金額を決定する。

　ただし，監査業務に必要な交通費・宿泊費等の経費および消費税は監査報酬とは別に請求する。

　監査業務遂行中に保証型監査が実施できないと判断された場合，監査対象および監査手続の変更に伴う監査工数の増減に応じて監査報酬の変更があることを定めておく。

⑤　秘密保持

　監査実施時に，開示当事者から秘密として指定された情報（機密情報）に

関しては，情報受領者に守秘義務があることを定める。守秘義務の期間は委託業務終了後も有効に存続することを明示しておく。

⑥　個人データの取り扱い

監査中に触れる「個人データ」の取扱いは監査遂行目的の範囲内に限定され，第三者に漏洩しないことを定める。秘密保持と同様に監査終了後も有効に存続する。

⑦　権利の帰属

監査報告書の著作権の取扱いについて合意する。監査報告書は必ずしも公開することを前提としないことがある。監査結果および監査手法について，その権利の帰属と取扱方法について定めておく必要がある。

⑧　危険分担

依頼者および監査人のいずれの契約当事者にも責任がない理由で，監査が履行不能になった場合に，もう一方の債務をどのように処理するかを決める。責任の原因となった監査業務の部分に対しては監査人が負担するが，監査人の行為が法に違反しない限り，すべての状況に対してこの原則が適用されることを合意する。

⑨　雑則・免責事項

以下の項目について定め合意する
- 不可抗力による履行の遅延または不履行の場合の対応
- 契約の他者への譲渡または移転が発生した場合の対応
- 契約条件の一部が違法または執行不能と判断された場合の対応
- 監査人が不当に監査業務を遂行せず，その結果として依頼者が損害を被った場合の損害賠償責任
- 紛争に関する訴訟　　等

　監査契約の例を**図表 3-13** に示す。通常契約書では，依頼者を委託者と記載する。

図表 3-13　監査契約（例）

　委託者（以下「甲」という）と**受託者**（以下「乙」という）とは，甲が実施する○○監査業務に関して，以下の監査契約を締結する。

第 1 条　本契約の要領
　1）監査対象　　　　　　　　○○業務における特定個人情報保護の統制
　2）監査の内容および範囲　本書に添付する提案書（以下「提案書」という。）のとおりとする。
　3）監査期間　　　　　　　　○○年○月○日〜○○年○月○日
第 2 条　乙による業務（以下「監査業務」という）
　1）乙は監査専門家としての注意をもって監査業務を実施する。
　2）保証型監査の実施が困難であると乙が判断した場合は助言型監査へ切り替えることを，甲は了承する。
第 3 条　監査業務の実施場所，担当者
　1）監査の実施場所は甲の申し出に従う。
　2）監査担当者（監査人）
　　　公認システム監査人　　○名
　　　システム監査技術者　　○名
　3）監査品質管理責任者
　　　公認システム監査人　　1 名
第 4 条　監査報酬
　1）監査報酬
　　　金　○○○○○○円
　　　但し，監査業務に必要な交通費・宿泊費等の経費および消費税は甲の負担とし，別途精算する。
　2）支払時期
　　　請求翌月末に乙の指定する銀行口座に振込む。
　3）監査報酬の変更
　　　保証型監査が予定どおり実施できない場合，監査対象および監査報酬の変更は甲乙協議の上決定する。

第5条　秘密保持

1) 本契約および本契約に基づき提供され，開示当事者から秘密として指定された情報（以下「機密情報」という）に関しては，情報受領者は，合理的かつ適切な方法で機密情報を守り，監査遂行のために機密情報を使用すること，および，本契約に基づく義務の履行のために必要とされる場合にのみ機密情報を複製することに合意する。

2) 前項の規定は，公知，受領者の既知，開示者が守秘義務を課すことなく第三者に開示済み，受領者が自ら得た，又は，法の要求又は命令に従って開示された情報には適用されない。上述の前提の下，乙は甲の機密情報を当該監査関係者に開示することができる。

3) 本条の規定は，委託業務終了後も有効に存続するものとする。

第6条　個人データの取り扱い

1) 甲および乙は，監査遂行のために相手方より提供を受けた資料，報告書その他の営業上の情報に含まれる個人データ（個人情報の保護に関する法律第2条第1項に定める「個人情報」をいう。以下同じ。）を，監査遂行目的の範囲内でのみ使用し，第三者に漏洩しないものとする。

2) 本条の規定は，監査終了後も有効に存続するものとする。

第7条　権利の帰属

1) 監査業務の実施に伴い乙から甲に提出された報告書等に関する著作権その他の無体財産権は，乙は甲に譲渡する。

2) 但し，甲は前項の報告書等を第三者に提供し又は公表するときは，事前に乙の承諾を得るものとする。

3) 乙は，当該報告書等の作成のため利用した乙独自のアイデア，ノウハウおよびコンセプトに基づき，同種の業務を実施することができる。

第8条　危険分担

1) 本契約に関する乙の責任は，責任の原因となった業務の部分に対して，乙が負担する。

2) 本条の規定は，法に違反しない限り，いかなる根拠又は性質を持つ請求（契約，法令，過失，甲，乙もしくは第三者の不法行為，その他を含む）であっても，全ての状況に対して適用されるものである。

第9条　雑則・免責事項

1) いずれの当事者も，天災等の不可抗力による履行の遅延又は不履行についての責めを負わない。又，いずれの当事者も，天災等の不可抗力により契約の履行が困難と認めたときは相手方と協議のうえ，本契約の全部または一部を解除し，もしくは変更することができる。

2）本契約は，他当事者による事前の書面による同意を得ずして譲渡又は移転できない。

3）本契約の条件の放棄，および，本契約の違反に対する免責は，放棄若しくは免責を認める当事者の調印した書面による当該放棄若しくは免責がない限り，為されない。

4）本契約の条件の一部が違法又は執行不能と判断された場合は，かかる条件又は条項は削除されたものとみなされ，他の全ての条件および条項は，効力を有し続けるものとする。

5）乙が善良なる管理者としての注意義務をもって監査業務を遂行せず，その結果として甲が損害を被った場合，乙は当該義務違反の直接の結果として甲が現実に被った通常の損害を賠償するものとする。尚，この場合における損害賠償の累計総額は，債務不履行，不当利得，不法行為その他請求原因の如何にかかわらず，乙が受領した監査報酬相当額を限度とする。

6）本契約に係る紛争に関する訴訟は，○○裁判所を第一審の管轄裁判所とする。

　本契約締結の証として，本契約書2通を作成し，両当事者記名押印の上各1通を保有するものとする。

　　　　年　　　月　　　日

委託者（甲）　住所・所在地
　　　　　　　組織名称
　　　　　　　　　　代表者氏名　　　　　　　　　　　　印

受託者（乙）　住所・所在地
　　　　　　　組織名称
　　　　　　　　　　代表者氏名　　　　　　　　　　　　印

（2）システム監査人の倫理

　監査契約書の第2条の1）に「監査専門家としての注意をもって監査業務を実施する」とある。監査専門家としての注意とはシステム監査人として行

動の拠り所とする倫理基準をいう。

　システム監査人の倫理とは，システム監査人の判断の普遍的な基準となるものであり，正しく行為をなすための規範の総体をいう。システム監査人には，客観性，公正性，専門能力および，自己を律する態度が求められる。

　システム監査の委託先を選定する場合，内部的に倫理や機密保持などの規定を持っている組織が監査人組織として適切である。監査人で組織される協会等では，倫理規定により監査人の行動規範を定めている。

　倫理規定の例を下記に示す。

経済産業省：システム監査基準（平成30年4月20日）より

> 目　　的：情報システムにまつわるリスク（以下「情報システムリスク」という。）に適切に対処しているかどうかを，独立かつ専門的な立場のシステム監査人が点検・評価・検証することを通じて，組織体の経営活動と業務活動の効果的かつ効率的な遂行，さらにはそれらの変革を支援し，組織体の目標達成に寄与すること，又は利害関係者に対する説明責任を果たすこと
>
> 行為規範：1. 権限と責任等の明確化
> 　　　　　2. 監査能力の保持と向上
> 　　　　　3. ニーズの把握と品質の確保
> 　　　　　4. 独立性と客観性の保持
> 　　　　　5. 慎重な姿勢と倫理の保持

参照：システム監査基準　前文および基準1～5
https://www.meti.go.jp/policy/netsecurity/downloadfiles/system_kansa_h30.pdf（参照日：2022/7/20）

NPO日本システム監査人協会：システム監査人倫理規定より

> 目　　的：システム監査人が最低限遵守すべき職業倫理の規範を定める
> 使　　命：情報システムの信頼性・安全性・効率性・有効性を高めるた

め，その専門的知識と経験に基づき誠実に業務を行い，情報
化社会の健全な発展に寄与すること

責　　務：情報システムを総合的かつ客観的に点検・評価し，関係者に
助言・勧告する

監査基準・手続：システム監査の基準，手続を明らかにし，それに基づ
きシステム監査を行わなければならない

監査報告：監査結果の報告にあたって，知り得た全ての重要な事実を明
らかにする

守秘義務：正当な理由なく業務の遂行に伴い知り得た機密情報を他に漏
洩し，または窃用してはならない

独 立 性：常に独立の立場を堅持しつつ，適切な注意と判断によって業
務を遂行し，特定人の要求に迎合するようなことがあっては
ならない

公正不偏：業務を誠実に果たし，常に公正不偏の態度を保持しなければ
ならない

社会的信頼の保持：自らの使命の重要性に鑑み，高い社会的信頼を保持
するよう努めなければならない

名誉と信義：深い教養と高い品性の保持に努め，システム監査人として
の名誉を重んじ，いやしくも信義にもとるような行為をして
はならない

システム監査人間の規律：みだりに他のシステム監査人を誹謗し，名誉
を傷つける等の行為をしてはならない

自己研鑽：システム監査を行うのに必要な専門能力および監査技術の向
上に努めなければならない

参照：https://www.saaj.or.jp/gaiyo/rinri.html（参照日：2022/7/20）

日本内部監査協会（IIA）：内部監査の専門職的実施の国際基準 倫理要綱より

目　　的：内部監査の専門職の倫理的な素養を高めること

　　　　　　　1. 誠実性，2. 客観性，3. 秘密の保持，4. 専門的能力を規定

参照：https://www.theiia.org/globalassets/documents/standards/code-of-ethics/code-of-ethics-japanese.
pdf（参照日：2022/7/20）

公認会計士協会：倫理規則 基本原則より

1. 誠実性の原則
2. 公正性の原則
3. 職業的専門家としての能力および正当な注意の原則
4. 守秘義務の原則
5. 職業的専門家としての行動の原則

参照：https://jicpa.or.jp/specialized_field/2-22-0-2-20190618.pdf（参照日：2022/7/20）

　システム監査人がその業務にあたるときには，倫理規範を遵守し職務を忠実公正に執行することを宣誓書に署名することにより誓う。システム監査人宣誓書を**図表 3-14** に例示する。

図表 3-14　システム監査人宣誓書（例）

　私は，下記の「システム監査人倫理規定」を遵守して，システム監査に従事することを誓います。特に，監査上知り得た被監査組織に関する周知でない情報については，他に漏洩し，または窃用しないことを誓います。

　　　　　　　　　　　　　　　　　　　　　年　　　月　　　日

　（住所）

　（署名）

システム監査人倫理規程

特定非営利活動法人情報システム監査普及機構

　当機構においてシステム監査を実施する者（以下システム監査人という）が，遵守すべき職業倫理の規範を，次のとおり定める。

（使命）
第1条　システム監査人は，情報システムにまつわるリスクに対するコントロールが適切に整備・運用されているかを，独立かつ専門的な立場で検証又は評価することによって保証を与えあるいは助言することを責務とし，IT ガバナンスの実現に寄与することを使命とする。又，当機構の目的である保証型情報システム監査の普及と啓蒙活動を行うことで，情報化社会の健全な発展に寄与することに努める。

（独立性）
第2条　システム監査人が，監査業務を行うに際しては，監査対象から独立した立場で，特定の利害や偏向を排し，常に公正かつ客観的な監査判断を行わなければならない。

（品質管理）
第3条　システム監査人は，監査の基準，手続きを明らかにし，それに基づきシステム監査を行うとともに，報告に当たっては，知り得た重要な事実を関係者に報告しなければならない。又，監査結果の適正性を確保するため，相当な注意をもって業務を実施し，監査手続きにおいて適切な品質管理を行わなければならない。

（守秘義務）
第4条　システム監査人は，職務上知り得た機密情報を正当な理由なく他に開示してはならない。又，自己あるいは第三者の利益のために利用してはならない。

（法令遵守）
第5条　システム監査人は，自ら法令を遵守するとともに，違反行為を幇助

することを行ってはならない。

（規律）
第6条 システム監査人は，その行為および人格について高い品位の保持に努め，公序良俗に違反する行為をしてはならない。又，当機構の不名誉となるような行為，損害を与える行為，他のシステム監査人を誹謗中傷し名誉を傷つけるなどの行為をしてはならない。

（自己研鑽）
第7条 システム監査人は，学習と職務経験を通じて知識および技能を保持し，システム監査および情報システムに関連する分野における専門能力の向上に努めなければならない。

（規程の改廃）
第8条 この規程の改廃は，理事会の承認を得なければならない。

（その他）
第9条 本規程に定めのない事項については理事会において別途定める。

附則：本規程は，○○年○月○日より適用する

（3）機密保持に関する準備

システム監査の提案を行う過程において，監査依頼者から，被監査組織に関する詳細情報を入手したり閲覧したりすることがある。システム監査人の倫理規定では職務上知り得た監査対象組織の機密情報を，第三者に開示することは禁止されている。監査契約の締結前であっても，被監査組織が安心して情報開示してもらえる様に機密保持契約もしくは覚書を事前に取り交わすことが望ましい。

入手した情報の管理方法については，システム監査人間で管理方法を定め，情報を紛失あるいは漏洩しない対策を事前に準備しておく。

具体的には下記のポイントに着目して，経済産業省が公開している「秘密

情報の保護ハンドブック」を参照するとよい。

【機密保持契約（覚書）のポイント】

- 秘密情報の決定　営業情報，技術情報，個人情報
- 情報漏洩対策

  物理的・技術的な防御…接近の制御，持出困難化

  心理的な抑止…視認性の確保，機密情報に対する認識向上，信頼関係の維持・向上
- 秘密情報の取扱方法等に関するルール化
- 資料の授受方法　メール・暗号化・パスワードルール

図表 3-15 に機密保持に関する覚書の例を示す。

図表 3-15　機密保持に関する覚書（例）

> **委託者**（以下「甲」という）と**受託者**（以下「乙」という）とは，甲乙間で相互に開示される機密情報の取扱いに関して，次のとおり覚書を締結する。
>
> （目的）
> **第1条**　本覚書は，甲が実施を計画している○○監査に係る検討（以下「本検討」という）を甲乙間で行うにあたり，甲乙間で相互に開示される機密情報の取扱いについて定めることを目的とする。本覚書において「開示者」とは，本検討に必要な情報を開示する者を指すものとし，「受領者」とは，開示者から開示された情報を受領した者を指すものとする。
> 2　本覚書締結時点において甲および乙が予定している本検討の終了日は，○年○月○日とする。なお，当該本検討の終了日を変更する場合は，甲乙書面による合意により変更するものとする。
>
> （機密情報）
> **第2条**　機密情報とは，本検討に関して甲または乙が相手方から開示を受ける機密性を有する一切の営業上または技術上の情報であり，以下の(1)または(2)の条件を満たす情報のみに限定されるものとする。(1)書面または電子

媒体で開示される場合には，当該書面または電子媒体に「機密」またはそれに類似した表示を明示して相手方に開示されるものとし，⑵口頭で開示される場合には，⒜開示者が開示時点で機密である旨を明確に示し，⒝開示後14日以内に開示者が「機密」またはそれに類似した表示を示した文書によりその内容を詳記して，受領者に交付し，その文書の内容・範囲について書面により受領者の確認を得るものとする。

2　前項に加え，本覚書の条項，条件および本覚書に基づく相手方との情報の授受および打ち合わせの存在についても，本覚書における機密情報とする。

（適用除外）
第3条　以下の情報については本覚書の機密情報に含まれないものとする。
　⑴開示の時において公知である情報。
　⑵受領者への開示後に受領者の責めに帰すべからざる事由により公知となった情報。
　⑶受領者が開示者または第三者から守秘義務を負うことなく正当に入手した情報。
　⑷受領者が開示者の情報によらず独自に創造した情報。
　⑸開示者が守秘義務の制約から除外することを書面により同意した情報。
2　甲および乙は，法令または裁判所もしくは官公庁の判決，決定，命令，その他により開示を要求された場合，必要最小限度の範囲で相手方当事者の機密情報を当該機関に対して開示することができる。ただし，甲および乙は，かかる要求があった場合，その開示の前に相手方当事者に通知するものとする。

（機密保持）
第4条　受領者は，開示者の事前の書面による承諾なく，機密情報を第三者に対して開示してはならない。
2　受領者は，機密情報を，本検討のために知る必要がある自己の役員，理事および従業員，社員（以下「従業員等」という）に開示することができるものとし，当該従業員等に対し，本覚書に基づく機密保持義務を告知するものとする。
3　第一項に基づき，受領者が本検討に必要な範囲において，開示者に対して第三者への開示の承諾を求めた場合，開示者はこれを認めるものとする。この場合受領者は当該第三者に対して受領者が負う同様の義務を課すものとする。
4　甲および乙は，本条に定める機密保持義務を遵守するため善良なる管理

者の注意義務をもって機密情報を管理するものとする。

5　受領者は，本検討に必要な範囲において機密情報を複製することができるものとする。本項に基づき機密情報を複製した場合は，受領者は当該機密情報に付された著作権表示その他の表示を当該複製物に付すものとする。

（目的外使用の禁止）

第5条　受領者は，開示者の事前の書面による承諾なく，機密情報を本検討以外の目的に一切使用してはならない。

（権利の保証）

第6条　甲および乙は，自己の機密情報を相手方当事者に開示する権利を自らが有する。

（損害賠償）

第7条　受領者は，その責めに帰すべき事由により開示者の機密情報を漏洩し，その結果として開示者が損害を蒙った場合は，開示者に現実に生じた通常の損害を賠償するものとする。但し，予見の有無を問わず特別の事情から生じた損害，逸失利益については責任を負わないものとする。

（機密保持義務期間）

第8条　第4条および第5条に定める受領者の機密保持義務の存続期間は，第1条第2項に定める本検討の終了日から○年間とする。

（情報の返還等）

第9条　受領者は，第1条第2項に定める本検討の終了日が到来した場合，または本検討中に開示者から機密情報の返還請求が為された場合は，当該機密情報の使用を直ちに中止し，受領した機密情報を速やかに開示者に返還し，または開示者の指示に従って廃棄等を行うものとする。なお，受領した機密情報の複製物についても同様とする。

（権利義務譲渡の制限）

第10条　甲および乙は，相手方の事前の書面による承諾なく，本覚書に基づく権利義務の全部または一部を第三者に譲渡しまたは承継させてはならない。

（合意管轄）
第11条　甲および乙は，本覚書もしくはその条項に関連して発生する紛争については，○○地方裁判所を第一審の合意管轄裁判所としてこれを解決するものとする。

（協議事項）
第12条　本覚書に定めのない事項に関して解釈に疑義が生じた場合については，甲乙双方において協議のうえ，円満にこれの解決を図るものとする。

　上記の通り契約して本覚書2通を作成し，甲乙記名捺印のうえ，各1通を保管する。

　　　　年　　　月　　　日

委託者（甲）　住所・所在地
　　　　　　　組織名称
　　　　　　　　　　代表者氏名　　　　　　　　　　　　　　印

受託者（乙）　住所・所在地
　　　　　　　組織名称
　　　　　　　　　　代表者氏名　　　　　　　　　　　　　　印

コラム　システム監査契約書

1. システム監査の契約形態　「業務委託契約」とはどのようなものか

　システム監査人は，依頼者からの要請によってシステム監査を実施する。システム監査人が依頼者に代わって監査業務を実施する契約である。

　実務上，「業務委託契約」と呼ばれることが多い。しかし民法では「業務委託契約」という名称の契約は存在しない。依頼者に代わって業務実施を委託する形態として民法では，「委任」と「請負」がある。「業務委託契約」とは「委任（準委任）契約」と「請負契約」を総称したものである。

　委任業務とは法的な事務にかかわる業務で，その業務を実施するために法的な資格（例えば弁護士）が必要な業務のことを指す（民法第643条）。法律行為以外の業務の委託を「準委任」という（民法第656条）。

　「準委任（もしくは委任）」の場合，依頼者に代わって業務を遂行するが，その成果が必ずしも依頼者が意図したものとならないことがある。依頼者は業務遂行結果の受け取りを拒否することはできない。

　一方，「請負」とは依頼者から指示された方法に従い，依頼者から独立して業務を行い，指示された成果物を納めることをいう（民法第634～640条）。成果物が指示された仕様に合わない場合，依頼者は受け取りを拒否することができる。

　システム監査では監査報告書を依頼者に提出して業務完了となる。監査報告書は「業務の成果物」ではない。依頼者が意図した結果ではない内容となることもあるからである。監査報告書はシステム監査人が実施した「監査の意見書」である。したがってシステム監査業務の委託は，「準委任」になる。

　契約書には，「システム監査業務委託契約書」と記載されることが多いが，この契約は「請負契約」ではなく「準委任契約」であることに注意されたい。

「準委任契約」には，コンサル契約，監査契約，システム開発契約，システム保守契約などがある。

「請負契約」には，製品の製造契約，プログラミング契約，システム運用契約などがある。

「請負契約」に類似する契約として「派遣契約」がある。派遣業務は，依頼者の指示に従って業務を遂行する形態であり，決められた成果物があるわけではない。派遣作業者に対して依頼者が直接作業指示を行う。報酬は契約で決められた時間単価に従い，作業時間に応じて支払われる。

請負業務の場合，作業者に対する指示は業務を請け負った側が行い，依頼者側が請負作業者に直接に指示することはない。報酬は契約で決められており，成果物に応じて支払われる。

2. システム監査契約書に収入印紙の貼付は必要か

契約書には収入印紙を貼ることがある。印紙税法に定められた課税文書に対して，その契約金額に応じて印紙税額が決まっている。

記載された金額が

1 万円以下	非課税
1 万円以上 10 万円以下のもの	200 円
10 万円を超え 50 万円以下のもの	400 円
50 万円を超え 100 万円以下のもの	1 千円
100 万円を超え 500 万円以下のもの	2 千円
……	
契約金額の記載のないもの	200 円

印紙税法第 2 条は印紙税が課される契約書について定めており，「印紙税法別表第一課税物件表」に，第 2 号文書「請負に関する契約書」が明示されており，上記の金額の印紙を貼る必要がある。

しかし，準委任契約の契約書については特に規定されていないため，原則的に印紙を貼り付ける必要はない。ただし，準委任契約でも印紙が必要なケースがあり，「印紙税法別表第一課税物件表」に示されている「第1号文書」もしくは「第 7 号文書」に該当する場合は，収入印紙の貼付が必要

となる。

　「第 1 号文書」とは，「無体財産権（特許権や商標権など）の譲渡に関する契約書」と定義されており，具体的には，「システム開発委託契約書」が課税対象となる可能性がある。

　「第 7 号文書」とは，「売買の委託に関する契約書」や「売買に関する業務の継続委託に関する契約書」と定義されており，具体的には「アフィリエイト契約書」が課税対象になる可能性がある。

　「システム監査契約書」は，前記に記載したように準委任契約書であり，「第 1 号文書」「第 7 号文書」にも該当しないことから，印紙税法の対象とならず収入印紙の貼付は不要である。

※参考：公認会計士が実施する「会計監査契約書」は，印紙税法基本通達別表 第1「課税物件，課税標準及び税率の取扱い」の第 2 号文書（請負に関する契約書）14（会社監査契約書）で「公認会計士（監査法人を含む。）と被監査法人との間において作成する監査契約書は，第 2 号文書（請負に関する契約書）として取り扱う。」とされているため，課税対象文書となり，契約金額に応じた収入印紙の貼付が必要である。

第 **4** 章

保証型システム監査の実施

保証型システム監査の契約が締結されると，監査の実施に入る。監査受託組織の監査責任者は，監査実施計画を立て，監査依頼者に実施手順・内容，監査体制等について説明する。このとき，監査責任者は，監査体制の話し合いの中で，監査依頼組織の社員や職員を監査メンバーに加えてもらうことを依頼し，了解が得られることが多い。それは，その社員や職員に，監査依頼組織と監査受託組織との調整役を担ってもらうためであり，円滑な監査の実施が可能となる。

　監査の実施は，「1　計画フェーズ」，「2　調査フェーズ」，「3　分析フェーズ」，「4　報告フェーズ」の4つのプロセスで進められる。もし，調査・分析（監査）の結果で，「不適正意見」や「意見不表明」をする場合には，速やかな対応が必要となる。特に，監査報告書を外部に提出したり，監査結果を公表したりする場合には，監査依頼組織の経営者や監査責任者との間で，監査結果を踏まえた事後の対応について話し合う必要が出てくる。

1 計画フェーズ

　保証型システム監査契約が締結された後，最初に実施する作業が監査計画の策定である。保証型システム監査の目的を効率的かつ効果的に達成するためには，監査依頼書および言明書をもとに監査の目的，監査目標，監査体制，実施時期等を記載した個別監査計画書を作成する。また，監査計画の策定に付随して実際に監査を実施するための具体的な監査手続について検討し，監査手続書を作成する。

（1）監査計画の策定と合意

　監査の実施にあたっては，監査計画の策定を行う。監査計画の策定では，監査計画書を作成し，監査依頼者に説明し確認と合意を得るとともに，監査にあたっての協力要請を行うことが重要である。なお，「保証型システム監査」の監査計画は，監査依頼者の目的（監査結果の利用目的を含む）を達成するための個別監査計画となる。

① 監査の目的と監査の視点
　監査の目的は，第一義的には言明書に記載された（表明された）内容が実装され，IT 統制が十分に機能しているかを外部監査人により確認を受けるためであり，場合によっては，監査結果を外部に公表するためでもある。
　「保証型システム監査」の目的と視点を形態別（方式）に分類すると以下のようになる。

- 経営者主導方式

　監査の目的は，「自組織の管理レベルを評価するため」であり，監査の視点は，自組織の情報システムのIT統制が言明書の通りに十分に機能しているかの確認である。

- 委託者主導方式

　監査の目的は，「業務の委託者が委託先の管理レベルを評価するため」であり，監査の視点は，業務の委託先の情報システムのIT統制が，「業務委託者の要求に対して委託先がどのように対応しているかを表す言明書」の通りに十分に機能しているかの確認である。

- 受託者主導方式

　監査の目的は，業務の委託者の要求レベルに受託者がどの程度対応できているか「委託元へ管理レベルを報告するため，あるいは，業務受託に備えるため」であり，監査の視点は業務の受託者が，自組織の情報システムのIT統制が言明書の通りに機能しているかの確認である。

- 社会主導方式

　監査の目的は，「社会や広く取引先等に対して，自組織の情報システムの管理レベルを表明するため」であり，監査の視点は，自組織の情報システムのIT統制が言明書の通りに機能しているかの確認である。例えば，行政機関システム，自治体システム，鉄道や運用サービス，銀行システム，インターネットビジネスでのネットワーク基盤サービス企業等が，広く一般のユーザーに対して，自組織の管理レベルを表明するための監査である。

　そこで，「保証型システム監査」の計画策定にあたっては，まず，言明書に記載された内容が実装され，IT統制が十分に機能しているかを，効率的かつ効果的に監査できる計画を立てることが重要である。そのためには，監査の対象や範囲を明確にし，監査計画とともに監査項目である「確認すべき管理策」がとられて十分に統制されているかという点に対して，適切な監査

証拠を収集するための監査手続を選択し確認する必要がある。すなわち，被監査組織が言明書に記載された基準（ポリシーや管理基準，規程等を含める）に従ってリスク対策やIT統制を構築し，実施しているかを確かめるための監査計画を策定する必要がある。

　「保証型システム監査」は，IT統制の成熟度[1]を高めたり，改革を支援したりする助言型システム監査の計画とは，異なるものである。

②　監査計画書の作成

　監査計画書の作成は，監査の受託者である外部監査人が行う。監査計画書には，統一的なフォームは決まっていないが，**図表4-1**に例示する項目を記載する必要がある。

図表4-1　システム監査計画の項目（例）

- 監査計画作成者（監査責任者）
- 監査目的
- 監査目標
- 監査対象
- 監査範囲
- 重点課題及び着眼点
- 監査スケジュール
- 監査結果の報告時期
- 監査体制
- その他（付帯事項等）

1　IT統制とは，企業や団体組織等において情報システムや情報資産を脅かすリスクの対策（リスク回避，リスク転嫁，リスク保有，リスク低減等）の仕組みのこと。IT統制の現状を把握し，IT統制の整備・運用を向上させていくことで，成熟度レベルを上げていく。IT統制の成熟度を測る代表的なモデルとしてCOBIT（Control OBjective for Information and related Technology）がある。COBITでは，IT統制プロセスがどれだけ適切に運営されているかを測定する手段として，6段階からなる成熟度モデルが定義されており，組織の不足部分や問題点を客観的に評価することができる。
他に代表的な方法論（method）として，5段階区分を採用しているCMMI（Capability Maturity Model Integration）がある。（「システム監査用語集」の「IT成熟度」を参照のこと）

- 監査計画作成者（監査責任者）

　監査を実施する責任者。監査を受託した企業・組織等の監査責任者となる。

- 監査目的

　監査を実施することにより達成しようとする事項や状態にあることであり，監査目標と対比して監査目的をいう場合には，究極の到達点となる。

　監査は，基本的には監査依頼者が監査をどのような目的で依頼し，監査報告（監査報告書）をどのように取り扱うかによって目的が明確になる。

- 監査目標

　監査目的から選ばれて，より具体的に規定された当面の達成目標である。

- 監査対象

　監査対象は，監査目的から導かれる監査手続の適用範囲となる対象である。例えば，監査対象は，組織の部門であったり，業務であったり，ソフトウェアやハードウェアのほか，施設やネットワーク等の情報資産であったりする。

- 監査範囲

　監査対象のうち選択した手続を適応する範囲である。例えば，監査対象がソフトウェアとなれば，より具体的な範囲として「顧客管理ソフトウェア」等が挙げられる。

- 重点課題および着眼点

　監査対象・範囲において，特に重点とすべき課題と着眼すべき事項。監査依頼者からの依頼内容や面談により読み取れる課題や着眼点である。

- 監査スケジュール

　何日から何日まで，どの監査対象・範囲で，どの監査項目に対して監査を実施するか，監査を実施する体制と合わせてスケジュールを立てる。現場での説明や報告書の作成等の時期を考慮してスケジュールを決定する。

- 監査結果の報告時期

　監査依頼者の監査方針によって決められている。監査結果の利用目的か

ら報告時期が決められることが通常であるが，監査対象・範囲等が変われば監査体制にも影響し，監査結果の報告時期の見直しが必要となる場合もある。

・監査体制

　監査の実施体制である。基本は監査受託企業等の監査責任者，監査担当者および監査品質責任者で構成されるが，監査が円滑に進められるように調整役として，監査依頼者が所属する組織のメンバーを加えることもある。

③　監査計画に対する監査依頼者の合意

　監査計画の策定が終われば，監査責任者は監査計画書を監査依頼者に説明し確認と合意を得るとともに，監査を実施する上での協力を得ることが重要となる。特に，監査体制において，監査を実施する上での調整役として監査依頼組織に所属する社員や職員をメンバーに加えた場合には，その責任と役割を明確にして，監査依頼者の合意を得ておくことが重要である。

④　監査計画書の事例

　図表4-2は，自治体等の特定個人情報保護評価書（全項目評価）をモデルにしたシステム監査計画書の事例である。なお，特定個人情報保護評価書（全項目評価）は，「言明書」に位置付けられる。

図表 4-2　システム監査計画書（例）

システム監査計画書			証書番号	○○
作成年月日		○○年○月○日	**作成者**　監査責任者　○○○○	
1	監査目的	言明書に記載されている当該市が保有する特定個人情報の漏えい等を発生させるリスクへの対策や運用が適正に実施されているか確認するため		
2	監査目標	従業者が取扱う特定個人情報の漏えいリスクを軽減するために，言明書に記載された措置がなされ，適切な運用・管理が実施され，IT 統制が十分に機能していること		
3	監査対象	住民基本台帳システムの特定個人情報の使用に関する統制を対象に，市民課及び窓口サービス課		
4	監査範囲	市民課及び窓口サービス課での端末操作と特定個人情報管理		
5	重点課題と着眼点	①住民本人から入手する情報は，住民異動の意思に伴うものであり，住民異動届等への記入及び本人により確認されているかという点を重点課題とする。②現場において，管理規程，使用マニュアルが実際に利用されているのかを確認する。		
6	監査スケジュール	**対象**	**期間**	
		市民課	○○年○月○日	
		窓口サービス課	○○年○月○日～○月○日	
7	監査報告の時期	○○年○月○日		
8	監査体制	監査責任者 監査担当者 監査品質責任者 市役所情報システム課　○○ ○○は情報システム課の職員で監査企業との調整役を担う		

（2）監査手続と監査手続書の作成

　監査手順は，計画フェーズの後に，調査フェーズとなり，監査人による監査結果として合理的な保証をするためには，十分な監査証拠を得る必要がある。監査手続とは，監査項目（確認すべき管理策）ごとに，監査目標を具体的に記述した監査要点に対して，実施時期，担当者，範囲等を考慮し，監査

証拠を得るために適切な監査技術を適用することである。監査担当者が，漏れなく監査を実施するためのガイドとなるのが監査手続書であり，監査責任者等が必要な手続を実施しているかの確認のためにも必要となる。監査手続書は，監査計画の中で，監査依頼書と言明書をもとに，監査グループで十分に討議し作成する。また，監査要点に対して複数の監査技術を適用することもあり，調査を実施していく中で，監査の効率や効果を上げるために，監査手続の追加や変更を実施することもある。

　具体的には，「リスク」と「統制目標」を明らかにして，監査項目としての「確認すべき管理策」ごとに，どのような監査手続を適用するのかの検討作業である。例えば，現地調査，資料の閲覧，現場の視察やインタビュー，確認や立会検査，資料分析など適切な監査技術を，いつから，どの担当者が，どの往査先で実施するかをまとめた計画文書が監査手続書である。

　監査手続書は，確認すべき管理策から，監査要点，監査技術，担当，往査先，実施期間，監査資料等を記載する。監査資料等には，監査依頼にあたって事前に収集されている資料もあれば，現地調査で，収集・確認する資料もある。最終的には，実際に監査現場で収集した資料等も監査証拠となるが，監査証拠が不十分であれば，監査スケジュールを調整することも起こる。なお，監査手続書の項目には，統一されたものはない。

　図表4-3は，特定個人情報保護評価書（全項目評価）をモデルにしたシステム監査手続書（例）である。自治体の特定個人情報保護評価書を引用し事例として作成した。確認すべき管理策から，監査要点，監査技術，担当，往査先，実施期間，監査資料等の項目を記載した事例である。

図表 4-3　システム監査手続書（例）

システム監査手続書		調書番号		○○	
リスク	従業者が特定個人情報を事務外で使用するリスク				
統制目標	特定個人情報が法律で定められた目的外で使用されないようにする管理体制を構築し運用すること				
確認すべき管理策	特定個人情報ファイルを事務外で使用しないように日頃から指導，教育を行う				
監査要点	監査技術	担当	往査先	実施期間	監査資料等
現場教育の計画と実施状況から，年1回各課の情報セキュリティ担当者に情報活用に対する教育・啓発を行っているか	●資料閲覧 ●教育担当者へのインタビュー	○○ ○○	市民課	○月○日	教育計画書 教育実施報告書
～（以下，省略）					
確認すべき管理策	従業者が無断で特定個人情報を持ち出せないようにする対策をとる				
監査要点	監査技術	担当	往査先	実施期間	監査資料等
アプリケーションソフトウェアの不正な操作に対して，管理者にアラートが通知される機能を備えているか	●実地検査 （実施テスト）	○○ ○○ ○○	情報システム部	○月○日 ～ ○月○日	ソフトウェアの設計書
利用端末の操作履歴の記録を取得し保管しているか	●資料閲覧 ●管理責任者インタビュー	○○ ○○	市民課窓口	○月○日	端末操作記録
～（以下，省略）					
確認すべき管理策	従業者が事務外で使用した場合の懲罰を明確にする				
監査要点	監査技術	担当	往査先	実施期間	監査資料等
違反者に対する処罰規程を制定しているか	●規程の閲覧 ●インタビュー	○○	人事部	○月○日	特定個人情報取扱規程
～（以下，省略）					

(3) 監査計画の見直し

　監査手続を適用する中で，監査人が監査結果として十分な証拠を得るために，必要な監査手続を変更したり，監査スケジュール等を追加したりすることはある。監査手続は，監査計画の策定の中で，監査項目ごとの適切な監査技術を，時期，範囲，担当者等を考慮して選択し，具体的な手順のもとに適用するが，監査を実施する中で，十分な証拠が得られない場合には，監査計画の見直しを行うことになる。例えば，実施期間や監査技術の変更・追加等による担当者の追加も行われる。

2 調査フェーズ

（1）情報収集

情報収集は，システム監査を効率的，効果的に行うために必要な情報を収集するプロセスであり，従来のシステム監査（助言型システム監査）においては，「予備調査」のプロセスに含まれるものである。

① 情報収集の目的

監査対象となる部門や業務システムのコントロールの状況を把握し，監査対象に潜在している問題点を推定することにより，限られた時間で行う現地調査を効率的，効果的なものにすることが目的である。

② 情報収集の内容

- アンケート調査

  被監査部門の管理者や担当者のリスク認識などの情報を収集するとともに，回答の矛盾点を分析し現地調査においてインタビューなどで確認できるようにする（**図表 4-4**）。

- 情報システムに関する情報（システム計画書，設計書，システム構成図，ネットワーク構成図など）

- 組織図

- 体制図（情報セキュリティ，BCP など）

- 対象業務別では下記に挙げる資料

  企画業務：規程類，システム計画書，システム企画書など

  開発業務：規程類，開発関連の各種マニュアル，設計書，仕様書，テス

ト計画・結果書など

運用業務：規程類，運用関連の各種マニュアル，運用記録，管理簿など

保守業務：規程類，保守関連の各種マニュアル，保守記録など

図表 4-4　アンケートシート（例）

O社システム監査 アンケートシート		アンケート分類			調書番号	
アンケート 先	○○部門	システム 管理規準				
回答者	氏名		回答日	年　　月　　日		
	部署					
	立場	（経営者・管理職・一般職・従業員以外）				
整理番号	アンケート 項目	システム 管理 規準項番	回答		備考，関連書類名等	
	XXXX システムについ てお尋ねします。					
			（Yes・No・わからない）			
			（Yes・No・わからない）			
			（Yes・No・わからない）			
			（Yes・No・わからない）			
			（Yes・No・わからない）			
			（Yes・No・わからない）			
			（Yes・No・わからない）			
			（Yes・No・わからない）			

③　情報の分析と評価

• 監査対象の現状分析

収集した情報に基づき，監査対象の情報システムや業務の範囲，データの流れなどについて現状を把握し，分析を行う。

• 問題点の抽出

監査対象を現状分析した結果から，監査目的に関する監査対象のコント

ロールについて目標水準と現状の乖離を確認し，問題点を抽出し整理する。

- コントロールの評価

　適切なコントロールが存在している場合にその整備状況についての評価を行う。コントロールの運用の有効性評価は後の分析フェーズで行う。

- 監査手続書の修正

　情報の分析と評価の結果により，入手すべき監査証拠や監査証拠を入手するための監査技法などについて変更する必要が生じた場合は，個別監査計画書の監査手続を修正する。

④　監査チェックリストの作成

　情報の分析と評価を踏まえ，現地調査を効率的，効果的に行うために，監査対象の情報システムや被監査部門のコントロールに関してのチェックリストを作成する。

　個人情報保護委員会は，地方公共団体等が特定個人情報の管理状況について監査を行うにあたり，参考として監査チェックリストを策定し，公開している（**図表 4-5**）。

図表4-5　地方公共団体等における監査のためのチェックリスト（一部抜粋）

番号	大分類	小分類 （※は，確認ポイントを示している）	チェック	確認項目
13	安全管理措置(2_Cb) 組織的安全管理措置－取扱規程等に基づく運用	記録		以下の項目を記録しているか
			☐	①特定個人情報ファイルの利用・出力状況の記録
			☐	②書類・媒体等の持ち運びの記録
			☐	③特定個人情報ファイルの削除・廃棄記録
			☐	④削除・廃棄を委託した場合，これを証明する記録等
			☐	⑤特定個人情報ファイルを情報システムで取り扱う場合，事務取扱担当者の情報システムの利用状況（ログイン実績，アクセスログ等）の記録
		保存	☐	記録を一定の期間保存しているか
		分析	☐	記録について，定期及び必要に応じ随時に分析等しているか
		改ざん等の防止	☐	記録の改ざん，窃取又は不正な削除の防止のために必要な措置を講じているか
14	安全管理措置(2_Cc) 組織的安全管理措置－取扱状況を確認する手段の整備			特定個人情報ファイルの取扱状況を確認するための手段について，以下の点を記録しているか
			☐	①特定個人情報ファイルの名称
			☐	②行政機関等の名称及び特定個人情報ファイルが利用に供される事務をつかさどる組織の名称
			☐	③特定個人情報ファイルの利用目的
			☐	④特定個人情報ファイルに記録される項目及び本人として特定個人情報ファイルに記録される個人の範囲
			☐	⑤特定個人情報ファイルに記録される特定個人情報等の収集方法
			☐	取扱状況を確認するための記録等に特定個人情報等を記載していないか

（2）現地調査

　現地調査は，監査人が被監査部門に赴き監査証拠を収集するプロセスである。現地調査を行う手順を時系列に整理して**図表 4-6** に示す。

図表 4-6　現地調査を行う手順

①　被監査部門との調整…1ヶ月前

　監査計画に基づき，現地訪問のスケジュール，監査対応者（ヒアリング対象者を含む），監査実施場所の確保，監査対象業務に関する書類（監査証拠）やプロジェクター等の確認，準備依頼を被監査部門の監査受入担当者（監査責任者）に行う。

②　出張手配…3 週間前

　被監査部門が遠方である場合，必要に応じて宿泊，交通手段の手配を行う。

③　監査用品の準備

　監査チェックリスト，インタビューシート，監査証拠リスト
　付箋，マーカーペン，ボイスレコーダー，カメラ，PC
　あらかじめ被監査部門に，ボイスレコーダー，カメラ，PC の持ち込みの可否を確認しておくこと。

④　現地調査

オープニング

　被監査部門の監査対応者に対して，監査の目的，現地調査スケジュール等を説明する。

　プロジェクターを用いて説明を行うとわかりやすい。

監査証拠の収集

- インタビュー

　被監査部門の責任者，業務担当者に対して監査チェックリストに基づきヒアリングを行う。

　インタビュー担当の監査人は役割を決め，ヒアリングする人，記録する人，追加でヒアリングする人というように分担する。

　インタビュー時の役割は固定ではなく，交互に担当を交替して行う。そのため，インタビュアーは最低2人は必要である。インタビューは許可を得てボイスレコーダーで録音する。録音は事後確認で使用することが目的であるため，インタビュー時に記録をとることは必要である。

- 業務関連書類の収集

　言明書の記載通りに業務が行われていることを確認するために，監査対象業務に関連する書類を監査チェックリストに基づき収集する。

　業務関連書類には，企画書，業務手順書，申請書，業務実施記録，検収書等がある。

　あらかじめ確認する書類一式を被監査部門に準備してもらっておく。

　監査証拠の書類収集は，監査人が手分けして分担する。

　監査証拠としてすべての書類を入手確認する必要はない。現地調査で提示されたものからサンプリングして入手する。入手する書類には，付箋で印を付けておきコピーの提出を依頼する。収集した監査証拠は，ナンバリングして監査証拠リストに記載する。

- 現場視察

現場視察では，情報システムの設置環境等を確認する。

◆　コンピュータ室

設置場所，入退室管理，消火設備，バックアップ媒体の管理，整理整頓等を確認する。

◆　情報システム部門

入退室管理，重要書類・ソフトウェアパッケージの管理，記録媒体の管理，PC の利用状況（規程やマニュアルに基づくセキュリティ対策が正しく実施されているかを実機で確認），業務実施環境等，目視で確認を行った事項はその状況を監査チェックリストに記載するとともに，許可を得て写真撮影しておく。

◆　業務（ユーザー）部門

情報システムを利用して業務を行っているユーザー部門を視察する。情報システム部門での視察事項と同様に担当している業務に応じた入退室管理，重要書類の管理，記録媒体の管理，PC の利用状況（規程やマニュアルに基づくセキュリティ対策が正しく実施されているか，業務外の不要なソフトウェアがインストールされていないかを実機で確認），業務実施環境等，目視で確認を行った事項はその状況を監査チェックリストに記載するとともに，許可を得て写真撮影しておく。

現地調査では，書類収集，現地環境等の確認を実施する現場で，被監査部門の担当者に質問することが重要である。

クロージング

クロージング前に監査人が被監査部門に伝える内容を協議する。（1 時間程度）

- 収集した証拠，業務手続等に関する不明点等についての確認事項
- コピーを依頼した書類の一覧，および追加で提出を依頼する書類

クロージングは現地調査最終日に被監査部門の監査対応者を集めて実施する。

- 監査人が協議し確認した内容を，被監査部門に伝える。
  1. 収集した証拠，業務手続等の不明点の確認
  2. コピー送付を依頼する書類
  3. 追加提出を依頼する書類
  4. 書類の提出期限
- 最後に調査協力への謝意を伝える。
  オープニング同様に，プロジェクターを用いて説明を行うとわかりやすい。

　なお，被監査拠点の複数の部門が監査対象である場合は，オープニング・クロージングへは被監査部門統括の代表者に出席を依頼する。

⑤　追加証拠の受領確認
　後で入手した監査証拠を確認し，監査証拠リストに受領を記載する。

(3) 調書作成

　監査調書とは，システム監査のすべてのプロセスにおいて入手もしくは作成された文書の総称である。監査調書の一般的な定義と保証型システム監査における監査調書の例を示す。

①　監査調書の目的
　システム監査基準では，監査調書の作成を促すとともに，その目的について次のように記述している。
　「システム監査人は，監査の結論に至った過程を明らかにし，監査の結論を支える合理的な根拠とするために，監査調書を作成し，適切に保管しなければならない。」

　すなわち監査調書は，監査の実施記録であると同時に監査意見を裏付ける

ための証拠でもある。また監査業務の品質管理や次回監査の際の参考資料としても役立つ。

② 監査調書の要件

　監査調書は，監査の結論に至った過程がわかるように理路整然と記録し，適切な方法で保存しなければならない。また被監査部門から入手した資料には，機密情報や個人情報が含まれることも想定されるため関係者以外への閲覧制限などにも留意する必要がある。保管，破棄については，監査実施組織の文書管理規定に従う。

　一般に監査調書の要件としては次の点が挙げられる。

- 真実性…システム監査人が自ら確かめた事実であること。
- 立証性…監査意見が立証できるものであること。
- 完全性…監査プロセス全体が文書化されていること。
- 秩序性…記載事項が秩序だって整理されていること。
- 明解性…記述内容が容易に理解できること。
- 経済性…費用対効果を考慮し作成されていること。
- 現時性…調書は監査実施の各プロセスで逐次作成されること。

③ 監査調書の内容

　監査調書の記載事項や様式は，実施する監査組織やシステム監査の内容によって一様ではなく，厳密に定義されていない。システム監査基準では，次の項目を挙げている。

- 監査実施者及び実施日時
- 監査の目的
- 実施した監査手続
- 入手した監査証拠
- システム監査人が発見した事実（事象，原因，影響範囲等）及び発見事実に関するシステム監査人の所見

その他，証拠の入手元や作成者なども記載する。

④　保証型システム監査における監査調書

　助言型システム監査の監査調書は，監査プロセスとして監査計画から監査報告，フォローアップまでを想定して説明されていることが多い。しかし，保証型システム監査では，監査が実施される前の段階から文書のやりとりが始まる。特に言明書は，監査調書として重要な資料となる。本書では，「監査プロセス全体が文書化されていること」という完全性の要件に従い，監査調書は監査の実施段階以前の文書も含めるものとする。

　保証型システム監査の各フェーズで必要となる文書，入手される資料，作成される資料等を監査調書として一覧に整理して**図表 4-7** に示す。各文書の詳細については第3～4章で紹介された事例サンプルを参照されたい。

⑤　言明書と調書の関係

　保証型システム監査では，依頼者から事前に言明書が提示される。したがって，計画フェーズで作成される「個別監査計画書」や「監査手続書」は，言明書に記載された統制項目を確認できる手順を示す必要がある。

　また調査フェーズで収集される監査証拠は，言明書に示された統制項目を裏付けるものでなければならない。さらに監査人が作成する記録や分析資料は，言明書に記載された個々の統制項目と紐付いた，網羅性のある内容でなければならない。その関係を**図表 4-8** に示す。

図表 4-7　保証型システム監査における監査調書一覧（例）

保証型システム監査のプロセス	調書（文書名例）	作成者・入手元
1.　事前協議フェーズ		
(1)　事前インタビュー	「インタビュー記録」	システム監査人
(2)　必要情報の存在確認	「必要情報チェックリスト」	システム監査人
(3)　可監査性の確認	「事前検討議事録」	システム監査人
2.　依頼フェーズ		
(1)　言明書の確認	「言明書」	依頼者
(2)　依頼書の確認	「システム監査依頼書」	依頼者
3.　提案フェーズ		
(1)　依頼内容の検討	「依頼内容検討議事録」	システム監査人
(2)　提案書の作成	「システム監査提案書」	システム監査人
(3)　提案書の提出	「システム監査提案書」	システム監査人
4.　契約フェーズ		
(1)　契約書の作成	「システム監査契約書」	システム監査人
(2)　システム監査人の倫理	「システム監査人宣誓書」	システム監査人
(3)　機密保持に関する準備	「機密保持に関する覚書」	システム監査人
5.　計画フェーズ		
(1)　監査計画の策定と合意	「システム監査計画書」	システム監査人
(2)　監査手続書の作成	「システム監査手続書」	システム監査人
(3)　監査計画書の見直し	「システム監査計画書」	システム監査人
6.　調査フェーズ		
(1)　情報収集	「組織・体制資料」 「情報システムに関する資料」 「規程類」 「システム開発・運用・保守管理資料」 「アンケート」	被監査部門
(2)　現地調査	「現地調査記録」 「ヒアリング結果対応表」 「要調査確認事項調書」	システム監査人
7.　分析フェーズ		
(1)　検出事項の抽出・評価	「検出事項総覧」 「要調査確認事項調書」	システム監査人
(2)　指摘事項の整理	「指摘事項分析」 「指摘事項」	システム監査人
(3)　監査意見の形成	「監査意見合意形成議事録」	システム監査人
8.　報告フェーズ		
(1)　監査報告書草案の作成	「システム監査報告書草案」	システム監査人
(2)　被監査組織との意見交換会	「意見交換会議事録」	システム監査人
(3)　監査報告書の最終版の作成	「システム監査報告書」	システム監査人
(4)　監査報告会の開催	「システム監査報告書」	システム監査人

図表 4-8　言明書と調書の関係

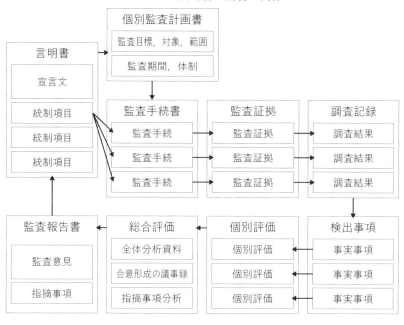

⑥　監査調書の保管

　監査調書は，基本的に文書の集合体であり，かつては紙文書のファイリング形態で保管されていた。今日はデジタルデータで保管されることが多くなっている。また，被監査部門から監査証拠を送付してもらうときも，データでの入手を想定している。システム監査専用システムがない場合は，Word や Excel などのオフィスソフトで作成したり PDF データで保管したりされる。

　秩序性の要件を満たすために，体系的に保管し容易に検索できる工夫が求められる。その際，フォルダー名やファイル名の命名規則など，ファイル保管ルールをあらかじめ設定しておくことが望ましい。また散逸や改ざんなどのリスクに注意するとともに，暗号化や適切なアクセス管理を設定する必要がある。

以下に，一般的な監査調書の保管の例を示す。

監査証拠はデジタルデータで保管する。コピーを紙で入手した場合は，持ち帰った後でスキャンし，PDF ファイルとして保管する。コピーを依頼した書類や追加で提出を依頼した書類に関しても，スキャナーでスキャンし，PDF ファイルとしてメールで送付してもらうとよい。

ファイル名規則の例

ファイル名は，「監査チェックリストの分類＋資料名」とする。

分類は大分類，中分類，小分類の番号を用いるが，その数に応じてそれぞれ 2 桁もしくは 3 桁の数字とする。

例 1）大分類　1，中分類　2，小分類　1　証拠名：システム開発基準

01-02-01_ システム開発基準 .pdf

例 2）大分類 10，中分類　1，小分類　2　証拠名：ユーザー登録申請書

10-01-02_ ユーザー登録申請書 01.pdf

10-01-02_ ユーザー登録申請書 02.pdf

同一名称の証拠がある場合は，ファイル名の後に連番を付与する。

3 分析フェーズ

　この分析フェーズは調査フェーズでの現地調査等を行った後，監査意見を形成していくという重要な局面にあたる。この段階では，現地調査等を行った後，監査証拠を整理していきながら，監査意見を形成する上で必要な補足資料等を作っていく。そしてそれぞれの監査人が監査意見を形成し，その後監査チームとして統一した監査意見にまとめ上げるというフェーズへと進む。以下にその手順を示す。

①　監査資料の整理
②　検出事項の抽出・個別評価
③　検出事項の整理
④　監査意見の形成

(1) 監査資料の整理／検出事項の抽出・個別評価

　本節では上記①〜④のうち，①と②の局面について，以下にその活動を記載する。

①　監査資料の整理

- アンケート調査や資料収集，現地調査，ヒアリング調査などの監査手続で得た監査調書の全体を把握するために監査調書の一覧表等を作成する。
- 監査意見を形成する上で評価に影響する監査調書を選択し，システム管理基準の項番等を付与するなど事象ごとに整理する。

　例えば，監査手続を行った結果，要指摘事項とした事項について，規準

にしているシステム管理基準の項番等を付与する。この項番が監査意見を述べる上での根拠となる。

- 監査意見を形成するために必要な補足資料等を作成する。

　例えば，監査手続として行ったアンケートやヒアリングの結果にバラツキが見られる場合がある。なぜそのようなバラツキが発生したのか，またどのようなバラツキなのかを把握するために，横軸に人や部署を置き，質問に対する答えを人別一覧，部署別一覧にする。

② 検出事項の抽出・個別評価（検出事項総覧の作成）

保証型システム監査における検出事項の抽出方法について，以下に記述する。

- アンケート調査や現地調査，ヒアリング調査などの監査手続で得た監査調書から監査意見に影響を与える検出事項の抽出を行い，検出事項総覧（**図表 4-9**）を作成する。
- 検出事項総覧に「重要度」や「可能性」，「影響度」などの評価項目を設け検出事項ごとに評価する。
- 評価に際しては，言明書の詳細部分と事実事項との関連性を考慮する。
- 評価をした根拠をそれぞれの事実事項ごとにコメントとして追記する。

図表 4-9　検出事項総覧

リスク／統制目標	事実情報	問題と思われる事項要調査確認事項	情報源	重要度	可能性	影響度	言明	総合評価	担当	意見

情　報　源：どの部署・誰から得た情報かを記述する

重　要　度：組織における重要度を高・中・低の3段階で評価する

可　能　性：問題が発生する可能性を高・中・低の3段階で評価する

影　響　度：組織に与える影響度を高・中・低の3段階で評価する

言　　　明：言明書に書かれた内容との関連性を高・中・低の3段階で評価する

総合評価：上記4項目の評価を見て，高・中・低の3段階で総合的に評価する

【評価する上での注意点】

- 事実をもとにシステム監査人として意見形成を行うため，評価の根拠となる規準の項番も記す。
- 言明書と照らし合わせながら評価を行う。
- 各監査人は何に重点を置いて評価したのかを明記する。
- 経営者主導方式など監査目的に合わせて，評価を行う。
- 監査人は監査意見に対する責任上，被監査組織の管理状況を厳しく問いがちであるため，監査目的に照らし合わせて，適度な厳しさの評価になるよう心がける。
- 各システム監査人単位で意見を記入した後，チーム内で合意形成を行うために検出事項の整理フェーズへと進む。

　もし，評価作業を進める中で，追加調査が必要と判断された場合には，「要調査確認事項調書」（**図表 4-10**）を使って追加の調査確認を行い，その結果を文書化しておく。

システム監査		発行日	年　月　日	作成者〔		〕
実施日	年　月　日	時　分～　時　分	場所〔			〕
監査項目	要確認事項と その調査結果				調書 番号	
カテゴリー/ キーワード	要調査確認事項		参照調書 番号	確認先	確認結果又は備考	

（備考）

　地方公共団体の特定個人情報保護評価書を言明書として保証型システム監査を行う場合，検出事項の抽出において，参考となる情報を以下に記述する。

- 全項目評価書の内容確認を行う際に参考となる資料

　NPO法人情報システム監査普及機構が作成・公表した「全項目評価書の記載ポイント集」（https://j-aisa.jp/research/27/）

- 地方公共団体が設置する個人情報保護審議会または個人情報保護審査会による点検結果

　個人情報保護委員会が公開している資料「特定個人情報保護評価指針の解説」（令和4年4月1日最終改正版）の中に以下の記述がある。

　「地方公共団体等は，公示し住民等の意見を求め，必要な見直しを行った全項目評価書について，規則第7条第4項の規定に基づき，第三者点検を受けるものとする。第三者点検の方法は，原則として，条例等に基づき地方公共団体が設置する個人情報保護審議会又は個人情報保護審査会による点検を受けるものとする（以下略）」

　このことから，保証型システム監査を受ける前に個人情報保護審議会または個人情報保護審査会による点検を受けていればその点検結果を入手

し，内容を確認しておくことが望ましい。

(2) 検出事項の整理

① 監査チームの総意として総合評価を行う。

前項で作成した「**図表 4-9　検出事項総覧**」の評価内容について，監査チーム全員で意見交換を行い監査チームの総意としての総合評価を確定する。

② 総合評価が「中」以上のものがあれば，**図表 4-11** を用いて指摘事項の分析を行う。

③ **図表 4-11** の指摘事項分析で得られた内容をもとに提出用の資料として，指摘事項を作成する（**図表 4-12**）。

改善提言については，単に問題点を反対にした表現（例：問題点が「…の確認ができていない」場合に「…の確認をすること」）にするのではなく，なぜその問題事象が起こっているかを考え，その原因をコントロール（仕組み）の欠点（弱点）として捉えて改善提言するよう心がける必要がある。システム監査における指摘と改善提言は，被監査組織の仕組みに潜む本質的な問題点に着目し，その是正を組織トップに促すところにその価値がある。なお，保証型システム監査において，改善提言を行うことは本来の業務範囲ではないが，監査依頼者の満足度向上を期待できる。

また，監査チームで行ってきた討議内容を文書に残しておくことは他の監査調書にも増して重要である。監査意見がどのようにして形成されたのかを論理的に明瞭に記録し，監査意見の根拠を明らかにするため監査意見合意形成議事録を作成する（**図表 4-13**）。

図表 4-11　指摘事項分析

指摘事項分析
言明された管理策
監査要点（システム管理基準）
検出事項 〈事実関係〉
問題点
監査メンバー意見
結論

図表 4-12　指摘事項

No	指摘事項
1-1	**言明された管理策**
1-2	**監査要点**（システム管理基準）
1-3	**検出事項** 〈事実関係〉
1-4	**問題点**
1-5	**改善提言** 〈対応案〉 〈緊急度〉

図表 4-13　監査意見合意形成議事録

監査意見合意形成議事録	発行日	年　月　日	作成者〔　　　　　　　　〕
日時	年　月　日	時　分～　時　分	場所〔　　　　　　　　〕
件名			
出席者　依頼組織			
監査人			
配付資料名			

識別	議　　　事	（発言者）
意見		
結論		

（3）監査意見の形成

　システム監査で監査意見を形成するのは監査チームを構成するシステム監査人である。現場に往査し監査証拠を集めたシステム監査人だけでなく，現場には出向かずバックヤードで資料収集やアドバイスをしていたシステム監査人も含まれる。

　システム監査では監査対象となった組織体の業務やそこで利用されている情報システム構成（ハードウェア，ソフトウェア，通信環境など）によりさまざまな知識や経験が必要となるため，被監査組織と監査目標にふさわしいシステム監査人を広く募ることが必要である。

それぞれの監査人の見方や考え方は均一でない。検出事項に対する評価に軽重の差は出てくる。なぜなら，システム監査人の知識と経験は均一ではなく，監査意見は主観的なものであるからだ。

　だからといって監査意見が監査チームごとに違うようではシステム監査に対する信頼は得られない。システム監査基準に従って監査を実施する限り，どのような構成の監査チームであっても，監査意見はほぼ同じ結論に収斂するのである。

　そのために，システム監査計画では，判断の尺度となる規準（criteria）としてシステム管理基準などのほかにどのような規準を使うのか，監査対象のIT成熟度をどのレベルと見なすのかをあらかじめ決めて監査手続を実施している。したがって，「検出事項総覧」には，どの監査チームであっても，ほぼ同じ検出事項が載りほぼ同じ評価がされている。

　検出事項を整理する段階で，言明書の統制目標別に区分することは有用であるが，監査意見を形成する段階では，重要だと評価されて整理された検出事項を，区分けされた統制目標から解き放って監査意見の主題の中で再編する必要がある。

　監査意見は，検出事項を羅列するものではない。被監査組織の言明書が適正であるか否かについてシステム監査人の意見を表明することである。無条件に適正といえない，あるいは不適正と認められる場合に，重要な検出事項がシステム監査報告書の中で述べられる。なぜそのことが重要な検出事項として挙げられたのか本質に遡って議論していくと統制目標を超えて共通する問題点が見えてくることがある。重要な検出事項は，羅列するのではなく監査意見の主題の中で3つまでの柱にまとめ直せば―数多く羅列するのではなく―監査意見としてわかりやすく説得力も大きくなる。

　監査意見は，監査チームのメンバーが議論して形成する。この際に有力なツールは，ブレインストーミングである。例えば，カードなどに記入した検出事項を共通する本質によってグルーピングして，検出事項の相関関係や同一性を見極め，全体として統合された主題にまとめ上げるKJ法は監査意見

形成と相性がよい。ここで被監査組織の問題点を叙述できれば，システム監査報告書はほぼでき上がったといえる。

KJ法のルールである「他者の意見を否定しない」「他者の意見を理解しようと努めよ」「表面的な言葉でグルーピングしない」は，監査意見の形成に際して，監査チームで議論するときに大切な心構えである。このルールは，意見形成する際，チームの間で議論が沸騰したときに非常に役立つことがある。互いに論点がずれていると感じていることを，どうして相手はこのような意見を主張するのかを一生懸命理解しようと努めることで，言葉尻だけからでは見えて来なかった相手の真意が見えて来るからだ。

システム監査人は監査チームの中で平等であり自由に意見を戦わす。監査意見形成の段階は正にメンバー各人の意見が交錯し熱い議論になる場面である。最終の監査意見は合議制で決定するものではあるが，どうしてもまとまらないと思われるときのために，監査チームに代表者を1人置くことが望ましい。

代表者は，コーディネーターである。意見が対立したときや特定のシステム監査人がひとつの意見に拘泥し続けたときに，それらの意見を整理し言わんとしている趣旨を全メンバーが理解できるようにする，あるいは誤解を解く役割を持つ。意見が対立し停滞したときに，その議論の本質を解き明かし監査意見が収束する道筋を付ける役割を代表者は担うことになる。

こうした議論のひとつひとつは，合意形成の議事録として記録することが重要である。監査意見形成が妥当であったことを立証する第一級の根拠となる。監査意見形成の際にKJ法を採用していれば，A型図解（インデックス図解と細部図解）に検出事項をどのように解釈したかが表示され，B型文章化で論理一貫した文章として説明されるので，合意形成の議事録になり得る[2]（**図表 4-14** 参照）。

なお，監査手続実施の段階だけでなく監査意見形成の段階でも監査チーム

2　川喜田二郎『続・発想法』中公新書，1970 年

内に対立が生じ時間を費やす原因のほとんどは，システム監査用語の解釈が
メンバー間で違っていることによるものである。システム監査用語に対する
共通の認識を醸成するようにシステム監査人は常に努力しなければならな
い。システム監査用語解釈に独断は禁物である。

　少なくとも，監査チームを組む時点で，システム監査用語の使い方を決め
ておくべきである。正誤ということではなく，どのような意味で使うかを決
めておくのである。

図表 4-14　意見形成のサンプル例（KJ 法を利用した場合）

検出事項を紙切れに書く例を下に示す。

> 「再委託は事前に妥当性を
> 判断する」とあるが，判断
> 基準と手続が記載されてい
> ない。　　　　　　　　1

> 「定期的に整合性のチェック
> を行っている」と回答があっ
> たが，どのようなチェックな
> のか記録がない。　　　2

> 「バックアップ媒体は施錠出
> 来る保管庫に保管している」
> とあるが，耐火性が考慮さ
> れていない。　　　　　3

このとき，「遠隔地保
管を考慮すべし」等
の意見は書かない。

> 「定期的に通信ログを確認し
> ている」とあるが「定期的」
> の基準が不明である。　4

> 「定期的に通信ログを確認
> している」とあるが，ログの
> 保管期限が不明である。　5

一枚の紙切れには複数の事実は書かない。

> 「操作履歴により不正操作
> がないことを確認している」
> とあるが，運用記録が不明
> である。　　　　　　　6

例えば上のような6枚の紙切れが，そのほかの多くの紙切れの中から友が友を呼ぶように
集まってきたら，この紙切れ達が何を言いたいのかをよく聞き取って表札を作る。

> ローカルルールはあるけれ
> ど，大まかでやりっぱなしに
> なっていないか。　　　A

表札には，「ソフトでしかもずばりと本質をついた」表現
が求められる。ただし，意味の取り違え，寸足らずの言
葉，観念的な捉え方はいけない。しっかりと本質を見極
めようと努力せず独りよがりに表札を書くことはいけない。

コラム　KJ法とはどのようなものか

　KJ法とは創造的に問題を解決する手法である。事実を記述した多数の
データから，問題点を掘り起こしたり問題解決のための糸口を見つけたり
できる手法である。

　ただ単にデータを何かのキーワードで機械的にグルーピングする方法で
はない。

　以下に記述した手順は，川喜田二郎著『続発想法—KJ法の展開と応用』
（中公新書）から要約したものである。KJ法を理解するには，この本を読
まれることをお勧めする。「紙切れに耳を傾ける」など，独自の表現にあ
ふれているので戸惑う読者も多いだろうが，フィールドワークから学術論
文を書き上げるために編み上げられた手法であるので，きわめて実践的で
実用的である。

　KJ法の手順は大きく分けて4ステップからなる。
1. 紙切れづくり
2. グループ編成
3. A型図解
4. B型文章化

　第1ステップでは，集めたデータから，そのデータのエッセンスをメモ
した紙切れを作る（元データがいつでも追跡できるようにデータの参照番
号を紙切れの裏にでも記入しておく）。このメモは簡潔に表現するので
「一行見出し」と呼ぶが，元のデータのニュアンスを表現するため2〜3行
となっても構わない。

　第2ステップは，a. 紙切れ集めと b. 表札づくりからなる。

　作られたすべての紙切れを大机などの上にバラバラに広げる（何らかの
意味合いで秩序立ててならべてはいけない）。まずはすべての紙切れが何

を言いたいのかに耳を傾けるつもりで眺めていく。眺めていてお互いに親近感を感じさせる紙切れを集め小さなグループにしていく（ひとつのグループは 4〜5 枚程度でよい。無理に大きくしない。どのグループにも入らない紙切れがあってもよい）。表札づくりは，紙切れの 3 分の 2 ぐらいがお互いに友を呼んであちこちに集まり出した頃に並行して始める。まず，「ここにこの紙切れが集まっているのは，もっともと感じられるかどうか」を自問する。それがもっともであるなら，「そのもっともな理由を一行見出しにして」書き出してみる。この紙切れを表札という（色を変えると表札とわかりよい。表札の下にそのグループの紙切れが束ねられる）。すべてのグループに表札を書き出す。

　第 3 ステップは，c. 空間配置（編成，展開，輪取り）と d. 図解からなる。

　ユニット数（グループ編成により 1 つの束となったもの）が 10 以内になるまで何段階でもグループ編成を繰り返す。編成が終われば，最も意味が首尾一貫した収まりのよい構図にできるようユニットを配列する。次に，一次元低いユニットを取り出して表札の手前に置き，廻りのユニットとの適切な配置に並べ替える（一段展開）。より次元の低いユニットを取り出し二段，三段と展開する。このようにして紙切れの群れが所定の位置に配置されたなら，最も小さなグループから丸で描いて囲んでいく（これを輪取りと呼ぶ）。グループ編成の順序に従い，小さな島から大きな島へと輪取りしていく。島に表札を付け，島と島との関係を矢印などで関係を示す。1 枚の紙（例えば模造紙）に図解を収めることがわかりやすいので，インデックス図解と細部図解に分けるのがよい。これを A 型図解と呼ぶ。

　第 4 ステップは，A 型図解の文章化である。B 型文章化と呼ぶ。

　図解の利点は一目で全体構造がわかるということだが，全体構造の中で要素と要素の結び付きの鎖の性質がなおはっきりしないという欠点を持っている。この欠点をカバーし新たな発想を付け加えるために B 型文章化が役立つ（KJ 法では，文章化のために BDA の定め方などの知見を持っているが，ここでは割愛する）。

4 報告フェーズ

　監査メンバーの監査意見が合意形成されれば，監査報告書の最終版を作成し，監査報告を実施することになる。監査報告書は監査依頼者（委託者）の経営者および監査責任者，CIO（情報担当役員）等に，監査結果を報告するためのものであり，また，監査人が自らの役割と責任を明確に伝える手段でもある。そのためには，監査の依頼目的に従って，監査人が必要と認めた事項に関して，誤解なく，明確かつ明瞭に記載する必要がある。そして，記載した内容については，監査人が全面的な責任を負うことになる。通常，以下の4つのステップで実施する。

　ステップ1：監査報告書草案の作成
　ステップ2：被監査組織との意見交換会
　ステップ3：監査報告書の最終版の作成
　ステップ4：監査報告会の開催

（1）監査報告書草案の作成

　分析フェーズでの監査意見の形成に基づき，監査報告書の作成に入る。監査報告書の作成にあたっては，まず，監査報告書草案（以後，「草案」という。）の作成から始める。いきなり監査依頼者に提出できる監査報告書が作成できるわけではない。監査責任者は，監査依頼者の監査目的により監査報告書の作成方針を監査メンバーに提示して，草案の作成を指示する。監査メンバー全員で議論をしながら草案を作成し，全頁にわたって内容や表現を検証して草案を完成する。その上で，記載事項の間違いや漏れはないか，指摘事項は何かを監査メンバー全員で確認をする。監査報告書は保証意見の表明

であり，助言意見と混同されないように記載することも必要である。入手した証拠を十分に検証し，監査メンバー全員のコンセンサスをとりながら草案の作成を行う。

　なお，保証は絶対的な保証ではなく，入手した証拠に基づく合理的な保証であることを，明記しておくことが重要である。

　監査報告書には，統一的な形式やフォームがあるわけではないが，監査計画に基づいて実施された結果を，計画項目に沿って，監査報告書を作成する。

①　監査意見の表明

　監査結果を簡潔，明瞭に記載する。保証型監査の場合には，監査の対象となった言明書について，監査手続を実施した結果を踏まえ，監査意見を記載する。

　監査意見には，第2章6で，意見表明の種類別に記載されているように「無限定適正意見」，「限定付適正意見」，「不適正意見」，「意見不表明」がある。「無限定適正意見」および「限定付適正意見」となった場合には，統制は有効である旨の保証意見を記載する。「不適正意見」，「意見不表明」となった場合には，指摘事項とともに，その根拠についても明確な説明が必要となる。しかし，保証型システム監査の分類の主導方式によっては，「不適正意見」，「意見不表明」が明らかになった時点で，監査報告書の作成はされずに，監査依頼者とその対応が討議される場合も出てくる。特に，受託者主導方式や社会主導方式の監査では，受託者にとっては，ビジネスに影響が出ることも考えられる。主導方式と監査意見との関係において，その対応にはさまざまなケースが考えられる（後述の「コラム」を参照のこと）。

②　監査の概要説明（導入部と監査結果の要点）

　監査の概要説明の導入部では，監査を実施した基本事項を記載する。監査の目的，監査対象，監査の実施期間，監査責任者等を記載し，監査結果の要

点を記載する。

　監査結果の概要では，監査項目別に言明された管理策の実施状況，監査手続とその結果の要点を簡潔に記載する。なお，簡潔にわかりやすく説明するために表形式で記載することが望ましい。

③　指摘事項

　「限定付適正意見」は，たまたま，例外的に発生したことやその指摘事項が軽微であった場合など，統制が無効であるとまでいえない旨の保証意見である。また，重大な欠陥があったり，IT統制全般に問題があったりして，短期間の改善が見込まれないような場合には，「不適正意見」となることもある。監査人は，監査証拠を示して，納得し得る説明が必要である。監査証拠は，文書のみではなく，絵や写真等も含まれる。

④　特記事項

　監査報告書の社内使用以外に公開範囲および二次利用等については，監査契約書の限定使用条項として記載する。

⑤　添付書類

　言明書等

(2) 被監査組織との意見交換会

　草案が作成されると，被監査組織との意見交換会を実施する。保証型システム監査の場合の意見交換会は，保証意見を表明するにあたっての監査証拠の確認や，監査人に誤解はなかったのか，草案の記載に間違いはなかったのか等の確認をする場である。

　システム監査での意見交換会は，最終的な監査報告書を作成する前に実施される。監査対象となった組織や情報システム関係者，インタビューを受け

た人たち等が参加して，言明書に記載されたIT統制や管理・運営が，また，組織および対象情報システムが，十分に機能しているかどうかに関する草案の内容とその根拠となった監査証拠を確認する場となる。もし，「不適正意見」や「意見不表明」を監査意見として表明することになれば，参加者は疑念を持つことにもなりかねず，依頼者に，明確な根拠をもって説明をすることが重要である。

(3) 監査報告書の最終版の作成

① 監査報告書の作成

　意見交換会で草案への理解と納得が得られたならば，最終的な監査報告書の作成に入る。監査責任者とともに監査メンバーは，意見交換会の結果に基づき，最終的な監査報告書を作成する。保証型監査の場合，監査結果が監査依頼者の外部から求められることがあり，例えば，監査意見の利用目的が取引先の説明に使用されたり，公表されたりすることも発生するため，記載内容に配慮する必要が起こってくる。記載内容に配慮するということは，監査での事実を曲げて記載することではなく，監査依頼者の関係者や外部が理解しやすい，証明的な表現が求められることへの配慮である。

② 監査形態別の監査報告書の事例

　保証型監査の場合には，監査報告書は監査依頼者（委託者）のみへの提出で済まない場合がある。委託者主導方式の監査では，監査依頼者に監査報告をするとともに，監査依頼者の指示や了解のもとで，監査を受けた受託企業等にも監査報告をすることが必要となる。また，前述のように，監査結果を組織内部のみならず，取引先や銀行等の関係企業にもアピールするために活用されたり，広く社会に説明責任を果たすために公表されたりする場合もある。そこで，監査人は，監査契約にあたっては，監査報告書の提出先や活用方法についての取決めを，付帯事項として定めておくことが必要となる。監

査報告書に記載すべき項目は概ね決まっている。以下，監査形態別の監査報告書の事例である。

【事例1】経営者主導方式の監査報告書

　経営者自身が，自組織の情報システムについて，確認をしたいとして，外部監査人による「経営者主導方式」を実施した場合の監査報告書事例である（図表4-15）。

　監査報告書は，監査依頼者の経営者や監査責任者，CIO等のみに提出する場合が多い。自組織の情報システム責任者に作成させた言明書をもとに，監査人はIT統制状況を監査し報告するものである。

　監査報告は役員会や経営幹部会で行われるほか，経営者の方針で，被監査組織のメンバーを加えて全社的な報告会を実施することもある。それは，自組織の情報システムの運用・管理のレベルに関して外部監査人によって評価・報告を受けることで，情報システムの運用やセキュリティについての意識改革の向上を図りたいとする経営者の意図がある。

図表4-15　経営者主導方式の監査報告書（例）

システム監査報告書

○○年○月○日

A株式会社
代表取締役　○○○○　様

システム監査チーム
監査責任者

　我々は，貴社から独立した第三者でありかつ専門家であるシステム監査人として，貴社から提示された「言明書」を対象としてシステム監査を実施した。当監査の目的は，貴社から提示された言明書の妥当性について監査し，監査意見を表明することにある。

　ITに係る全般統制の有効性について，我々は，「言明書」で言明された内

容に対して，「システム管理基準」，「情報セキュリティ管理基準」，「システム管理基準 追補版」を判断規準とするとともに，会社の規模や環境及び IT 動向を勘案した上で総合的に判断している。

　監査意見表明のための合理的な根拠を得るため，私たちが必要と認めた監査手続を実施している。

　我々の意見としては，○○年○月○日現在の貴社本社の情報システムの IT に係る全般統制について表明された「言明書」の内容は妥当であり，「システム管理基準」，「情報セキュリティ管理基準」，「システム管理基準 追補版」に照らして，一部に指摘事項はあるものの，その影響は軽微であるため，統制状況は有効であると認める。

以上

■監査概要説明

1	監査目的	貴社の IT 統制に関する成熟度を貴社自身が自己評価を行なう手助けとして，また，自社の IT ガバナンス・レベルを経営者が認識するために経営者主導方式の保証型システム監査を行なう。		
2	監査目標	貴社から提示された IT 統制状況に関する言明書の妥当性について監査手続を実施し，監査意見を表明すること。 IT に係る統制を次の 4 項目とし，それぞれが達成されていること。		
		(1) システムの開発・保守が適切に管理されていること		
		(2) システムの運用・管理が適切であること		
		(3) システムの安全性が確保されていること		
		(4) システムの外部委託先が適切に管理されていること		
3	監査対象	A 株式会社 全社総合情報システム		
4	監査範囲	監査対象の内，監査手続を適用する範囲は次の通りとする。		
		部門	情報システム部門	
		業務	開発・保守業務，運用業務，外部委託業務	
		情報システム	○○情報システム	
5	被監査会社	被監査会社の責任者	代表取締役 ○○○○　氏	
		被監査会社の窓口	監査室長　○○○○　氏	
6	監査チーム	システム監査チーム		
		監査責任者	○○○○	(副) ○○○○
		監査担当者	○○○○	○○○○
		監査品質責任者	○○○○	

| 7 | 実施期間 | ○○年○月○日から○○年○月○日 |

■監査報告説明

1．実施した監査手続きと監査結果の内容

監査項目	言明された管理策の実施状況	実施した 監査手続き	指摘事項 （番号）
システムの 開発・保守	適切な開発手続きを定め，周知している。	関係書類の閲覧	有（1）
	定めた手続き通り実施している。	インタビュー， 実施記録の閲覧	無
システムの 運用・管理	適切な運用手続きを定め，周知している。	関係書類の閲覧	無
	定めた手続き通り実施している。	インタビュー， 実施記録の閲覧	無
システムの 安全性確保	安全性に関する適切な手続きを定め， 周知している。	関係書類の閲覧	無
	定めた手続きどおり実施している。	インタビュー， 現地調査	無
外部 委託先管理	適切な委託先の選定基準を定めている。	関係書類の閲覧	無
	定めた基準どおりに委託先を選定し， 管理している。	インタビュー， 現地調査	有（2）
～（以下省略）			

2．指摘事項の内容

(1)　「適切な開発手続きを定め，周知している」が，周知の方法が担当グループにより異なっている。グループにより，会議を開催し文書により周知した場合と，関連する担当者を呼び，口頭で説明している場合がある。開発手続きは，グループ全体に徹底することが多く，繰り返しになってもグループ会議を開き，文書により周知徹底を図ること。

(2)　業務委託先を複数の部署から選定している場合に，委託先の管理は各部署内では実施されているが，部署間の情報が共有されておらず，情報が二重に伝達されている。その結果，委託内容の優先順位が不明になることがある。委託先の選定は各部署から，部署間を統括する組織に申請し，それを受けて各部署が委託先への指示，依頼をするように手続きを改善すること。

【事例2】 委託者主導方式の監査報告書

　監査依頼者は情報システム開発業務の委託者であるが，監査対象は委託者が業務委託する委託先の情報システムである。また，言明書は，委託者が求める IT 統制のレベルを，業務受託者自らが遵守することを言明書として作成したものである。そこで，この言明書をもとに，委託先の情報システムにおいて，委託者の求める IT 統制が十分に整備され運用されているかを，監査人が監査する。したがって，監査依頼者である委託者に監査報告する前に，監査を受けた委託先の経営者や監査責任者等に報告内容（草案を含む）と監査証拠の確認を得る必要がある。

　監査報告の内容が「適正」であると表明する場合には，問題とならないが，「不適正」となったり，監査報告の内容について確認が得られなかったりした場合には，十分に協議を行いその理由について，根拠をもって説明することが必要である。しかし，それでも，確認が得られない場合には，それをもって，監査人は監査依頼者である委託者に監査証拠に基づく合理的な根拠による監査報告をすることになる。

　図表 4-16 は，監査報告書とともに，委託者 A 社（業務委託元）が求める IT 統制のレベルを委託先 B 社（業務受託者）に遵守することを，言明書として提出させた「ソフトウェア開発における基本遵守事項に関する言明書」でもって，監査を実施した事例である。

図表 4-16　委託者主導方式の監査報告書（例）

システム監査報告書

○○年○月○日

（委託元）A 株式会社
（代表取締役）○○○○　様

システム監査・普及サービスチーム
監査責任者

　我々は、「システム管理基準」に従って、○○年○月○日から○○年○月○日までの期間に委託先B社（業務受託者）に依頼した販売管理システムの開発において、委託元A社が要求した管理レベルを達成できていたかどうかを、委託先B社が作成した「ソフトウェア開発における基本遵守事項に関する言明書」に基づいて委託者主導方式の監査を実施した。我々の責任は監査手続きを実施した結果に基づいて意見を表明することにある。

　我々は「システム管理基準」や委託元A社からの要求事項である「ソフトウェア開発に対する基本遵守事項」に準拠して委託先B社がシステム開発を行ったかを監査した。採用した監査手続は、我々が必要と認めたものを適用しており、監査結果として意見表明のための合理的な根拠を得た。

　我々の意見は、○○年○月○日から○○年○月○日までの期間に係る「ソフトウェア開発における基本遵守事項に関する言明書」に表明された内容は妥当であり、「システム管理基準」、委託元A社からの要求事項である「ソフトウェア開発に対する基本遵守事項」に準拠してソフトウェア開発が実施されたものと認める。

1．監査目的
　　委託先B社が作成した言明書「ソフトウェア開発における基本遵守事項に関する言明書」の妥当性について保証すること

2．監査目標
　　委託先B社の受託ソフトウェア開発が「システム管理基準」や「ソフトウェア開発に対する基本遵守事項」に準拠し、適切に実施されていること

3．監査対象
販売管理システム

4．監査範囲
委託した販売管理システムのソフトウェア開発に対するシステム管理手続き

5．被監査会社
（委託先）B株式会社

6．監査チーム
監査責任者　○○○○
監査担当者　○○○○
監査品質責任者　○○○○

7．実施期間
○○年○月○日から○○年○月○日までの期間

8．実施した監査手続き
我々は委託先B社が言明書に記載されたリスク，統制目標及び管理策について，関係書類の閲覧，社員へのインタビュー，アンケート調査，現場視察を実施した。

9．指摘事項の説明
指摘事項なし。IT統制状況は有効であると認める。

（特記事項）
本監査報告書の公開範囲および二次利用について，監査契約書の条項により限定されるものとする。

（添付書類）
　委託者A社がソフトウェア開発を実施するにあたって，委託先B社（業務受託者）に要求レベルを提示し，提示内容を実施したとして，B社の情報統括責任者が「ソフトウェア開発における基本遵守事項に関する言明書」を作成し，委託者A社に提出したものである。

図表 4-16　委託者主導方式の監査報告書（例）　続き

『ソフトウェア開発における基本遵守事項に関する言明書』

〇〇年〇月〇日

（委託元）A 株式会社
経営者　〇〇〇〇　様

（委託先）B 株式会社
情報統括責任者

　A 社様から〇〇年〇月から〇〇年〇月までの間，受託しました販売管理システムの開発にあたっては，貴社からの要求事項である「ソフトウェア開発に対する基本遵守事項」を守り，ソフトウェア開発を行ったことをここに言明する。詳細については以下の通りである。

【項目別内訳】

分類	遵守事項	実施状況
開発業務	情報システムの信頼性・安全性水準の達成を確実なものにするシステム・ライフサイクル・プロセスを確立し，文書化すること	ＩＰＡ発行のソフトウェア取引の共通フレーム 2013 及び ISO/IEC 20000 を参照し，システム・ライフサイクル・プロセスを確立し，文書化した。
	情報システムの開発にかかる価格の見積値を，その算出根拠とともに説明すること	ファンクションポイント法や工程別工数ウエイト比等を活用して，工数見積りを実施した。
	情報システムに求められる信頼性・安全性の水準に応じたテスト及びレビューを行い，当該システムの機能要件及び非機能要件に対する適合性の確認に努めること	ソフトウェアの信頼性を，ゴンペルツ曲線を活用して，バグの予測とテストデータの消化率を管理して高めた。情報システム利用者による仕様適合性の確認及び実際環境を設定し，現場の利用者の協力によるアクセプタンステストを実施した。
	～（以下省略）	
保守・運用業務	保守・運用に関する体制等について利用者・供給者間で合意すること	保守・運用マニュアルとともに，体制図及び運用フロー図を作成し合意した。

	情報システムの運用状況に関するデータを確実に取得するなどの監視を行い，情報システム利用者との間で共有すること	システムの稼動状況を日・週・月・年単位で取得し，分析を行い，情報システム利用者に対して報告した。
	情報システム供給者及び情報システム利用者は，構成管理及び変更管理等を確実に実施し，問題の追跡性を確保すること	構成管理ツールや不具合管理ツール等を活用し，構成管理及び変更管理等を実施するとともに，問題追跡性を確保した。
	～（以下省略）	
障害対応	事業継続計画（BCP）に基づき，情報システム障害等の緊急時の指揮命令系統及び影響度に応じた対応手順等を文書化及びマニュアル化し，双方で合意し，共有すること	事業継続計画（BCP）を作成し，情報システム障害発生時の対応手順・マニュアルを整備し，定期的な訓練等をした。
	情報システム障害を引き起こした欠陥を究明する手順を定め，文書化し，共有すること	情報システム障害に対する原因究明手順書及び様式類を整備し，情報システム利用者と共有した。
	企画・開発及び保守・運用段階全体における各局面において，第三者によるレビュー及びシステム監査等を実施すること	企画・開発及び保守・運用段階全体の各局面で，外部監査人による，システム監査基準及びシステム管理基準を活用したシステム監査を実施した。
	～（以下省略）	

以上

【事例3】 受託者主導方式の監査報告書

　受託者主導方式の場合，業務の受託者自身（監査の委託者）の情報システムの管理レベルを自らが主体的に表明するために監査を受けることから，監査報告は監査の委託者の経営者や監査責任者，CIO 等に対して行う。監査報告書を監査の委託者の経営者と監査責任者，CIO 等のみに提出することで，監査報告が終わる場合がある。また，監査結果によっては，監査報告会の開催が見送られることもある。

　その一方で，監査報告会を役員会（監査役を含む）や経営幹部会議等で

実施したり，被監査組織の責任者やメンバーとともに，業務組織のメンバー等が参加して詳細な報告会を実施したりすることもある。

　図表 4-17 は，監査を委託した Y 社が，自社の情報システムの管理レベルを自ら証明するために，外部監査人による保証型監査を依頼した監査報告書例である。特に，主要取引先である X 社の情報セキュリティ管理基準を判断基準として監査を実施した事例である。

図表 4-17　受託者主導方式の監査報告書（例）

システム監査報告書

○○年○月○日

Y 株式会社
○○○○　　様

システム監査チーム
監査責任者

　私たちは，「言明書」に基づいて○○年○月○日現在における貴社の情報システムを対象とした情報セキュリティの状況について，貴社から独立した第三者でありかつ専門家であるシステム監査人として，受託者主導方式による保証型システム監査を実施しました。私たちの責任は，監査手続を実施した結果に基づいて意見を表明することにあります。

　また，情報セキュリティの状況について，私たちは，X 社「お取引先様向け情報セキュリティ管理基準」を判断規準として，会社の規模や環境及び IT 動向を勘案した上で総合的に判断しています。

　なお，X 社「お取引先様向け情報セキュリティ管理基準」は，「システム管理基準」，「システム管理基準 追補版」，「情報セキュリティ管理基準」等に照らして，妥当なものであることを確認しています。

　私たちは，○○年○月○日現在における貴社の情報セキュリティ管理策の実施状況は，X 社「お取引先様向け情報セキュリティ管理基準」に照らし，「言明書」に表明されたとおり，適切であると認めます。

■監査概要
1．監査目的
　　貴社が言明書に記載の情報セキュリティ管理策を設定し，実施してい

141

ることについて，受託者主導方式の監査により保証すること

２．監査目標
　　貴社対象システムの情報セキュリティ管理策が，X社の要請事項に対して適切に整備・実施されていること

３．監査対象
　⑴対象情報システム
　　貴社が指定した機密情報を共有する受託業務での該当情報の取扱い，管理及び業務（技術移転・業務委託・資材調達活動等）に関連する情報システム
　⑵対象情報資産
　　貴社が指定した機密情報で，形態は，紙情報，電子化情報，試作品，金型等の機密情報が化体されたもの，ノウハウ等，一切を含む

４．監査範囲
　　○○部，○○部，○○部

５．被監査会社
　　貴社の責任者　　CIO　　○○○○

６．監査チーム
　　監査責任者　　○○○○
　　監査担当者　　○○○○
　　監査品質責任者　　○○○○

７．実施期間
　　○○年○月○日から○○年○月○日までの期間

■監査報告説明
１．要請事項区分ごとの情報セキュリティ管理策の実施状況と監査手続

要請事項区分	言明された情報セキュリティ管理策の実施状況	監査手続	指摘事項（番号）
情報セキュリティ管理体制の確立	情報セキュリティ管理についての組織体制を構築している。	●インタビュー ●関係資料閲覧	無
	情報セキュリティに関するルールを制定し，文書化している。	●インタビュー ●関係資料閲覧	無
	組織内の情報セキュリティ実施項目について，責任者および関連する役割と責任を明確化している。	●インタビュー ●関係資料閲覧 ●議事録確認	無

		～（以下省略）		
情報資産の機密管理	X社が指定した機密情報及びこれを利用して作成した機密情報を明確にしている。		●インタビュー ●関係資料閲覧	無
	機密情報の受け渡しに関する管理ルールを制定している。		●インタビュー ●関係資料閲覧 ●受渡記録確認	無
	職場でのアクセス管理を実施している。		●インタビュー ●関係資料閲覧 ●現地調査	無
	情報資産の持ち出し，持ち込みに関する管理ルールを制定している。		●インタビュー ●持ち出し・持ち込み記録及び関係資料閲覧	有（1）
	ITシステムのアクセス管理を実施している。		●関係資料閲覧 ●アクセスログ確認	無
	ITシステム（含むPC）の設置及び廃棄に関する管理ルールを制定している。		●インタビュー ●関係資料閲覧	無
	不正プログラムやウイルスに対する管理ルールを制定している。		●ウイルスソフト更新記録及び関連資料閲覧	無
	事業継続確保のためのバックアップに関する管理ルールを制定している。		●インタビュー ●バックアップ記録及び関係資料閲覧	無
		～（以下省略）		
人的な対策情報セキュリティ事件・事故対応	情報セキュリティに関する教育・訓練を実施している。		●インタビュー ●教育実施記録及び関係資料閲覧	有（2）
	従業員等との機密保持誓約を締結している。		●機密保持誓約書及び関係資料閲覧	無
		～（以下省略）		
	事故報告・対応体制を確立している。		●自己記録及び関係資料閲覧	無
	事故対応マニュアルを作成している。		●関係資料閲覧	無
	再発防止策を策定し実施している。		●関係資料閲覧	無

		～（以下省略）		
情報セキュリティマネジメントの実施	情報セキュリティ対策が正しく実施されているかを見直す為に，自己点検を実施している。	● インタビュー ● 自己点検記録及び関係資料閲覧	無
	自己点検結果に基づく改善活動のための体制を構築している。	● インタビュー ● 改善活動記録及び関係資料閲覧	無
	～（以下省略）		

２．監査結果と指摘事項

　　言明された情報セキュリティ管理策は，いずれも実施されていると認められる。

　　但し，以下の指摘事項があり，現場責任者が徹底し改善することを約した。

(1) 「情報資産の持ち出し，持ち込みに関する管理ルールを制定している。」については，一部持ち込みの記録を責任者が確認していない事実があった。

(2) 「情報セキュリティに関する教育・訓練を実施している。」については，出張者等で教育・訓練を欠席している人がおり，フォローアップ研修を実施されていない場合があった。

【特記事項】

　本監査報告書の公開範囲及び二次利用については，監査契約書の条項により X 社及び貴社に限定されるものとする。

【添付書類】

　「X 社様の機密情報を取り扱う受託業務の情報セキュリティ管理手続に関する言明書」

以上

【事例4】 社会主導方式の監査報告書

　社会主導方式の監査は，活用する情報システムがさまざまなステークホルダーから信頼を得るためのものであり，監査結果を広く社会に表明するために実施される。典型的な事例として，行政機関・自治体等の「特定個人情報保護評価」の監査を挙げることができる。ただし，特定個人情報保

護評価での監査が，必ずしも保証型監査の実施であるとは限らない。**図表4-18** は，K 自治体が住民基本台帳システムにおける特定個人情報保護のリスク管理対策について，言明書に記載した特定個人情報保護の取扱いリスクの重点管理を監査対象に，保証型監査の実施を想定した事例である。

なお，「特定個人情報保護評価書（全項目評価書）」表紙の宣言文は，自治体の首長が掲げたものであり，特定個人情報保護評価書全体を「言明書」として位置付けることができる。

図表 4-18　社会主導方式の監査報告書（例）

システム監査報告書

〇〇年〇月〇日

K 自治体
〇〇〇〇市長　様

システム監査チーム
代表システム監査人

　私たちは，「貴自治体の言明書」に基づいて貴自治体の住民基本台帳システムにおける特定個人情報保護を対象としたリスク管理の状況について，被監査組織から独立した第三者でありかつ専門家であるシステム監査人として，社会主導方式による保証型システム監査を実施しました。私たちの責任は，監査手続を実施した結果に基づいて意見を表明することにあります。

　特定個人情報保護の状況について，私たちは，貴自治体が表明しました特定個人情報保護評価書の「言明書」を対象に監査を実施し，総合的に判断しています。

　なお，「言明書」は，「システム管理基準」及び「情報セキュリティ管理基準」等に照らして，妥当なものであることを確認しています。

　〇〇年〇月〇日現在における貴自治体の個人情報保護のリスク管理及び情報セキュリティ管理の実施状況は，「言明書」に表明されたとおり，適切であると認めます。

1．監査目的

被監査組織から独立した第三者でありかつ専門家であるシステム監査人として，貴自治体の住民基本台帳システムにおける特定個人情報保護に関して，社会主導方式の保証型システム監査を実施することにより保証すること。

2．監査目標

対象情報システムにおける特定個人情報取扱いでのリスク対策が適切に整備・実施されていること。

3．監査対象

⑴　対象情報システム

貴自治体の特定個人情報を取扱う住民基本台帳システム

⑵　対象とする特定個人情報の保護での以下のリスク等

対象情報システムにおける「入手の際に特定個人情報が漏えい・紛失するリスク」「特定個人情報ファイルの取扱いの委託に関するリスク」「物理的対策」「特定個人情報を保有する場所・部屋へのアクセス，機器，電子媒体の安全管理等」「技術的対策」「自己点検」「従業者に対する教育・啓発」

4．監査範囲

○○部，○○課，○○課　○○支所

5．被監査組織監査責任者

被監査自治体の責任者　CIO

6．監査チーム

監査責任者　○○○○

監査担当者　○○○○

監査品質責任者　○○○○

7．実施期間

○○年○月○日から○○年○月○日までの期間

■監査報告説明

1．要請事項区分ごとの情報セキュリティ管理策の実施状況と監査手続

要請事項区分	言明された情報セキュリティ管理策の実施状況	監査手続
⑴　特定個人情報ファイルの取扱い	●委託先を選定するにあたっての選定基準を設定している。	●インタビュー ●委託先に関す

の委託に関するリスク ●委託先選定基準を作成していること ●委託先の管理体制を確認していること ●作業場所を限定していること	●委託先の選定にあたっては，過去の業務実績や業務従事者の経歴書等から判断して選定している。 ●委託にあたっては，業務従事者から秘密保持誓約書等を提出させるなど，従事者としての自覚と責任を認識させている。 ●業務遂行中の，委託先への訪問・立入検査によって，従業者への教育・啓発状況を確認する，また，特定個人情報の保管状況，作業場所，機材等の確認を行い，適切に業務を遂行していることを，自ら確認している。 ●作業場所は庁内に限定している。	る書類の確認 ●関係資料閲覧
●特定個人情報ファイルの閲覧者・更新者の制限	●委託にあたっては，業務従事者から秘密保持誓約書等を提出させるなど，従事者としての自覚と責任を認識させている。	●秘密保持誓約書閲覧
	●業務遂行中の，委託先への訪問・立入検査によって，従業者への教育・啓発状況を確認する。 ●特定個人情報の保管状況，作業場所，機材等の確認を行い，適切に業務を遂行していることを自ら確認している。	●インタビュー ●関係資料閲覧 ●委託先を実地調査
	●委託先用にID発行，失効の管理を行っている。	●インタビュー ●関係資料閲覧
●特定個人情報ファイルの取扱いの記録	●作業員の取扱い記録を保存している。 ●取扱い記録及びシステムの操作ログを一定期間（例えば7年間）保管している。	●インタビュー ●関係資料閲覧
●再委託先による特定個人情報ファイルの適切な取扱いの確保	●再委託を行う場合は，委託先と同様の機密保持契約を規定するとともに，委託先に管理・監督・報告をさせる契約になっている。 ●再委託について適正か定期的に評価している。	●インタビュー ●契約書閲覧
～　（以下省略）		
(1) 特定個人情報の漏えい・滅失・毀損リスク ①物理的対策 ●特定個人情報の漏えい，滅失，毀損	●特定個人情報を保有する場所は，物理的に堅牢で，地震，火災，洪水等の自然災害から適切に保護している。 ●特定個人情報を保有する部屋への入退出は，許可された職員のみに制限している。 ●特定個人情報を保有する場所は，情報	●インタビュー ●現地調査 ●関係資料閲覧

を防ぐための対策を行うこと ● 特定個人情報が保有されているサーバーの設置場所に監視カメラを設置するなどの方法により入退出者を管理することや，サーバー設置場所，端末設置場所，記録媒体・紙媒体の保管場所について施錠管理すること	保護の重要度（秘密レベル）に対応した物理的対策をしている。 ● 特定個人情報等を取り扱う事務を実施する「取扱区域」を明確にし，物理的な安全管理措置を講じている。 ● 機器や電子媒体および書類等の盗難または紛失等の防止をするための物理的な安全管理措置を講じている。	
	● 従業員等との機密保持誓約を締結している。	● 誓約書閲覧
②技術的対策 ● 特定個人情報の漏えい，滅失，毀損を防ぐための対策をすること ● セキュリティ対策ソフトウェアを導入することや，不正アクセス対策を実施すること	● 特定個人情報を保有するサーバーや端末には，セキュリティ対策ソフトウェアを導入し，常に最新の定義ファイルの自動更新をしている。 ● 通信ネットワークシステムにはUTM（総合脅威管理）装置を導入し，総合的に通信ネットワークの脅威から保護する。 ● 特定個人情報を保有するシステムでは，情報を保護するための技術的対策が十分に保護機能を維持している。 ● 不正アクセスを早期に発見するための対策を講じている。	● インタビュー ● 現地調査 ● サーバーログ及び関係資料閲覧
	● 外部からの不正アクセス等の防止策を講じている。 ● 外部に送信する場合，通信経路における情報漏えい防止策を講じている。	● インタビュー ● 現地調査 ● 関係資料閲覧
～（以下省略）		
(2) 監査 ①自己点検 ● 評価書に記載したとおりに運用されていること，その他特定個人情報ファイルの取扱いの適正性について評価を担当する部	● 特定個人情報の利用場面に適したチェックリストを作成し，自己点検を行っている。 ● チェックリストは管理者用と担当者用を作成し，その回答結果の差異をもとに問題点を洗い出し効果的な自己点検を実施している。 ● 情報システムの追加，変更・改善とともに，自己点検の結果に基づいて，	● インタビュー ● 自己点検実施記録及び関係資料閲覧

署自らが，自己点検を行うこと	チェックリストの改訂と自己点検の継続的な改善を実施している。	
	● 自己点検結果に基づく改善活動のための体制を構築している。	● インタビュー ● 関係資料閲覧
②従業者に対する教育・啓発 ● 特定個人情報を取扱う従業者等に対して,特定個人情報の安全管理が図られるよう,教育・啓発活動を行うこと ● 違反行為を行った従業者等に対して措置を行うこと	● 従業者等に対して，定期的に情報セキュリティに関する教育・研修を実施している。 ● 管理者は朝礼や現場の会議にて，日頃から特定個人情報保護について注意喚起している。 ● 特定個人情報の漏えいや無断持ち出し等の違反行為を行った従業者等に対する処罰規程を定めている。	● インタビュー ● 会議議事録及び規程，関係資料閲覧
～（以下省略）		

2．監査結果と指摘事項

　　指摘事項は軽微であり，言明された情報セキュリティ管理策はいずれも実施されていると認められる。

（指摘事項）

①自己点検における管理者向けのチェックリストの実施は，一部組織で，管理者が実施していなかったため，差異分析が適正に実施されていなかった。

②特定個人情報を保有する部屋への入退出は，許可された職員のみに制限しているが，定期的情報システムの保守・点検で職員の立ち合いがなかった時間帯があった。

【添付書類】

「K自治体の特定個人情報保護評価書（全項目評価書）」

以上

（4）監査報告会の開催

①　監査報告会の実施方針の策定

　監査報告は，まず，監査依頼者の経営者や監査責任者，CIO 等に行い，その後に組織内で監査報告会を実施するのが一般的である。しかし，保証型システム監査の場合には，監査形態により報告会の進め方が多様になる。そこで，監査依頼者に監査報告を行う際に，監査報告会をどのように実施するのか，その実施方針を明確にしておくことが必要である。監査報告会を誰に，どれくらいの時間をかけて，どのような趣旨で実施するのか，また，報告会で配布する資料や監査報告書の提出先，部数など，基本方針を相談し確認しておくことも重要である。それは，以下の理由による。

- 保証型監査の場合，監査形態ごとに，その目的が異なり，また，経営にかかわることが多いため，監査報告会の実施や，監査結果の内容を監査報告会でどこまで話すべきか，どのように話すべきかについて経営者等の意向に配慮する必要がある。特に，監査結果が依頼者の予定（期待）通りにならなかったときには，監査報告会が見送られることもある。
- 保証型システム監査で，経営者に直接かかわる問題の指摘があって，適正意見の表明ができないとなった場合，例えば，情報セキュリティ投資や組織体制等にかかわることなどであるが，この場合には，監査報告会が見送られることもある。
- 監査結果での指摘事項によって被監査組織や現場の問題となった部署の人たちが批判の対象となり，白い目で見られるような状況が発生する場合がある。例えば，コンプライアンス問題や情報漏洩事件にかかわる問題等が指摘事項となったときに，監査報告会は他部署が被監査部門の組織メンバーや担当者を叱責する場になることがある。そこで，経営者やCIO 等には，このようにならないように配慮をしてもらう必要がある。

② 監査報告会の実施

　監査報告会は，実施方針に従って実施するが，役員会や経営幹部会議等で実施する場合と，現場を含めた全体で実施する場合とでは，報告会の進め方や報告方法が異なる場合がある。役員会や経営幹部会議では，要約した監査報告書でもってポイントを絞って報告することが多い。また，監査報告会では，経営者にも参加してもらい，監査報告の内容の重要性を認識してもらえることになる。特に，保証型システム監査では，指摘事項となった要因には，迅速な改善が求められることが多く，経営幹部の理解と協力が欠かせないことになる。

コラム　保証型システム監査と助言型システム監査の目的とその実施方針の違い

システム監査の必要性は，企業や団体等の組織体の経営活動と業務活動の効果的かつ効率的な遂行と変革を支援し，ITガバナンスの実現に貢献するとともに，利害関係者に対する説明責任を果たすことにある。

これまで述べてきたように，保証型システム監査と助言型システム監査の目的は異なっている。保証型システム監査は，情報システムのコントロールが適切であるか否かを言明書に基づいて外部監査人が監査し，監査意見を表明することであり，監査結果を公表することもあって，外部目的に利用されることが多い。一方，助言型システム監査は，情報システムのコントロールが適切であるか否かを点検・評価・検証し，指摘事項とともに改善勧告を行い，情報システムの成熟度を高めることが主な目的である。

監査の目的からもわかるように，助言型システム監査の延長線上や上下関係に保証型システム監査が位置付けられるものではない。わかりやすくいえば，助言型システム監査を実施し，IT成熟度を高めないと保証型システム監査に移行できないわけではなく，保証型システム監査で保証意見が得られないと，助言型システム監査から実施しなければならないわけでもない。ただし，効果的な保証型システム監査を実施するためには，情報システムの成熟度を高めておく必要がある。

一方，保証型システム監査の場合には，分類区分となる主導方式により，また，企業や団体等の組織体の情報システムの実施方針の違いによって，その監査結果の活用は全く異なってくる。

例えば，自社の情報システムが経営者の考える（要求する）レベルに，どの程度対応できているかを確認するために，経営者主導方式による保証型システム監査の実施を求める場合がある。監査の結果，適正意見が得られないとなれば，経営者は，情報システムの管理・運営を見直すために，助言型システム監査を実施して，情報システムの成熟度を高めることを考

えるであろう。委託者主導方式の場合では，委託者の理解があれば，問題点の改善を待って再度，保証型システム監査の実施も考えられる。ただし，この場合には，委託者と業務受託者とのビジネス関係が良好で，業務受託者を変えることが難しいなど，特別な事情があることが考えられる。

受託者主導方式や社会主導方式では，「適正意見」の監査報告を受けることを前提に監査が行われるため，「不適正意見」や「意見不表明」が表明されることは，まず，考えられない。公共企業体等の計算センターや社会インフラの情報システムを運用・管理している企業や団体等の組織体では，日頃から厳しい情報管理を自ら課して運用・管理がなされており，「不適正意見」や「意見不表明」が表明される状況は自ら判断でき，そのように判断される場合には保証型システム監査の実施計画は，初めから立てないし，実施もしない。それでも，もし，「適正意見」が表明されないとわかれば，監査は中断され，監査を依頼した企業や団体等の組織体の責任者（経営者やCIO等）は監査グループ責任者と対応について討議し，「適正意見」が得られるように緊急改善を行うことになろう。特に，監査報告書を外部に提出したり，監査結果を外部に公表したりする場合には，企業や団体等の組織体にとって致命傷になりかねないことから，保証型システム監査の実施には，慎重にならざるを得ない。なお，システム監査が強制監査（法定監査等）になれば，監査は中断されずに意見表明された監査報告書が作成されることになろう。

事例としては，サプライチェーンを展開する企業において，親会社がシステム改革や変更を行うことで，要求レベルの改訂が行われた際に，子会社が言明書の改訂を行って，保証型システム監査の実施をするような場合である。子会社にとっては，監査で「適正意見」が得られることは絶対条件である。また，多くの受託業務を実施している企業や計算センター等では，あらかじめ業務受託の要求レベルを想定して言明書を作成し，保証型システム監査を実施して保証意見を得ておくことも企業戦略として重要である。

一方，社会主導方式の典型的な事例として，自治体等での特定個人情報保護評価制度の監査が挙げられる。特定個人情報保護評価書は言明書に該当し，記載された「リスク対策の監査」では，「自己点検」とともにリス

クに対する「監査」が求められている。多くの自治体等では，助言型システム監査が実施されているのが現状である。社会にとって非常に重要である特定個人情報保護評価での監査では，社会主導方式の保証型システム監査を実施するために，まず，自己点検を実施して一定のリスク統制の向上が確認できた後に，外部監査人による保証型システム監査の実施をするように計画しているのが実態である。また，別のアプローチとして，毎年のシステム監査では，助言型システム監査を実施して，例えば3年に一度は保証型システム監査の実施を計画するなども考えられる。なお，特定個人情報保護評価での監査では，保証型システム監査の実施を義務化していない。このように，保証型システム監査の実施が望ましいが，まずは，助言型システム監査を実施して，IT成熟度を高めて，IT統制が十分に機能することを優先するケースはよくある。

　これらの事例からもわかるように，保証型システム監査と助言型システム監査の目的は異なっても，うまく使い分けすることが行われる。また，保証型システム監査の実施は，企業や団体等の組織体の業種・業態および経営方針や情報戦略によっても異なってくる。

参考文献

小宮弘信・松井秀雄他「地方公共団体向け保証型システム監査の適用アプローチ」『システム監査』システム監査学会，第 31 巻第 1 号，2018 年，https://www.sysaudit.gr.jp/gakkaishi/ronbun/201803/2017Journal_article_j-aisa.pdf（2021/8/17 閲覧）

経済産業省「秘密情報の保護ハンドブック―企業価値向上へ向けて―」，2016 年 2 月，「参考資料 2」，https://www.meti.go.jp/policy/economy/chizai/chiteki/pdf/handbook/full.pdf（2021/8/9 閲覧）

経済産業省「システム監査基準」2018 年 4 月 20 日，https://www.meti.go.jp/policy/netsecurity/downloadfiles/system_kansa_h30.pdf（2022/7/20 閲覧）

個人情報保護委員会「地方公共団体における監査のためのチェックリスト―マイナンバーの適正な取扱いのために―」2018 年 9 月 1 日，https://www.ppc.go.jp/files/pdf/check_list.pdf（2021/8/18 閲覧）

NPO 法人情報システム監査普及機構「特定個人情報評価書　記載要領と記載ポイント―自治体編―」2015 年 9 月 1 日改訂，https://j-aisa.jp/research/64/（2021/8/18 閲覧）

NPO 法人情報システム監査普及機構「全項目評価書記載ポイント集」2016 年 1 月 8 日，https://j-aisa.jp/research/27/（2021/8/17 閲覧）

NPO 法人情報システム監査普及機構「特定個人情報保護のシステム管理規準（案）」2016 年 9 月 21 日，https://j-aisa.jp/research/109/（2021/8/17 閲覧）

NPO 法人情報システム監査普及機構「特定個人情報保護のリスク対策とシステム管理規準」2016 年 9 月 21 日，https://j-aisa.jp/research/101/（2021/8/17 閲覧）

個人情報保護委員会「特定個人情報保護評価」，https://www.ppc.go.jp/legal/assessment/（2022/7/13 閲覧）

デジタル庁「マイナンバー制度」，https://www.digital.go.jp/policies/mynumber/（2022/7/13 閲覧）

日本公認会計士協会「倫理規則」2019 年 7 月 22 日，「第 1 章 総則」，https://jicpa.or.jp/specialized_field/2-22-0-2-20190618.pdf（2022/7/20 閲覧）

NPO 法人日本システム監査人協会「システム監査人倫理規定」2002 年 2 月 25 日，https://www.saaj.or.jp/gaiyo/rinri.html（2022/7/20 閲覧）

NPO 法人日本システム監査人協会「保証型システム監査を可能にするアプローチ」2013 年 8 年 12 日，https://www.saajk.org/wp/wp-content/uploads/saaj_20130706_thesis06.pdf（2021/8/17 閲覧）

NPO 法人日本システム監査人協会「保証型システム監査の実施方法に関する考察」2018
　　年 12 月 22 日，https://saajk.org/wp/wp-content/uploads/saaj20181116-1.pdf
　　（2021/8/17 閲覧）

NPO 法人日本システム監査人協会『情報システム監査実践マニュアル　第 3 版』森北出版
　　株式会社，2020 年 6 月 12 日

NPO 法人日本セキュリティ監査協会「保証型情報セキュリティ監査概念フレームワー
　　ク」，2007 年

一般社団法人日本内部監査協会『倫理要綱』2009 年 1 月，https://www.theiia.org/
　　globalassets/documents/standards/code-of-ethics/code-of-ethics-japanese.pdf
　　（2022/7/20 閲覧）

松田貴典「マイナンバー制度でのリスク対策と監査—自治体等の個人情報保護評価をモデ
　　ルにして—」NPO 法人情報システム監査普及機構，2015 年 11 月 20 日，https://j-aisa.
　　jp/research/50/（2021/8/25 閲覧）

システム監査
用語集

実際にシステム監査を行ってみると，システム監査に関する用語について システム監査人それぞれの解釈に大きな隔たりがあることに気づくことがある。

　また，システム監査に関する論文を読んだり，システム監査をテーマに議論したりする際にも，システム監査用語に対する解釈が各人各様なため，不毛な議論をしている人達をよく見かける。

　前者の例は，「監査テーマ」とは「監査目標」のことなのか「監査要点」のことなのか，「予備調査」と「本調査」の違いは何なのか，「監査対象」と「監査範囲」との違いは，「監査証拠」と「監査証跡」の違いは，などなどである。

　後者の代表例は，「監査基準」と「監査規準」である。「もと基準」と「のり規準」を混同することで意味のない議論にどれほど無駄な時間を費やしていることか！

　こうした不毛な議論を避けるため，用語の違いを明快に説明しようと試みたのがこの「システム監査用語集」である。システム監査を実施する前に，システム監査チームのメンバー間で曖昧な用語をどの意味で使うのかを決める場面で活用してほしい。システム監査人達の議論が実り豊かになるために役立ってくれれば本望である。

凡例
　例示のカラムには，出典を［　］で示している。アラビア数字で始まるものは，システム監査基準の章節を表している。
　略号は，それぞれ，（具）：具体的な事例，（使）：文章の中での使用例，（基）：システム監査基準での記載例，（定）：他の文献での定義を意味する。
　なお，（基）には，平成 30 年 4 月改訂版のシステム監査基準とシステム管理基準の両者を引用している。出典に［監査］とあるのはシステム監査基準，［管理］とあるのはシステム管理基準である。旧システム監査基準の場合は［旧］と表示した。
　JICPA は日本公認会計士協会のことである。

用語一覧

監査とは何か

システム監査用語	定義	例示［出典］	コメント
監査 かんさ	audit 監査人が、あるものの行為やその行為の結果としての情報を批判的に検討し、その真実性や妥当性や準拠性等を確かめ、一定の保証を与えるため利害関係者に報告することをいう。	（基）監査対象から独立かつ客観的な立場のシステム監査人が情報システムを総合的に点検及び評価し、組織体の長に助言及び勧告することとにフォローアップする一連の活動。［旧II.(1)］	旧システム監査基準は、内部監査の視点でまとめられており、外部監査を視野に入れると、「組織体の長に」ではなく「利害関係者に」報告することが強調される。
		（基）システム監査基準は、組織体の内部監査部門等が実施するシステム監査だけでなく、組織体の外部者に監査を依頼するシステム監査においても利用できる。［1.前文］	
		（基）さらに、本基準は、情報システムに保証を付与することを目的とした監査であっても、情報システムの改善のための助言を行うことを目的とした監査であっても利用できる。［1.前文］	現システム監査基準は、監査を保証型監査と助言型監査の2種類に分類している。
		監査には以下の特徴がある。 ●保証行為である	（保証と証明の違いについては別項を参照）
		●監査基準に従って実施し、ある規準に基づいて意見が述べられる	（基準と規準の違いについては別項を参照） 会計監査では、「監査基準」に従って監査が実施され、企業会計原則や金融商品取引法などの規準に基づいて意見が述べられる。

意見というものはその特性上、主観的なものである。ただし、単なる感想や思い込みや偏見であってはならないのは言うまでもない。

そこで、具体的な証拠を入手して、意見の根拠をしっかりと固めるのである。だからこそ、意見が本質的に主観的（前項参照）でも、立場の客観性は確保される。その結果、どの監査人が監査したとしても、当然に実施すべき監査手続を実施したなら、監査意見は同様の内容となるはずである。

監査チームのことを "one or more auditors conducting an audit" と定義しているものがある。[ISO9000 3.9.10]

しかし、実際上ひとりで監査はできるものではない。内部審査制度や様々な分野の専門家が必要なことから、"more than one" でなければ、事実上それは監査とは言えなくなる。

● 意見は主観的である

● 意見は合理的な基礎にささえられている

(基) システム監査人は適切かつ慎重に監査手続を実施し、保証または助言についての監査結果を裏付けるのに十分かつ適切な監査証拠を入手し、評価しなければならない。[IV 3.1]

監査人は、自己の意見を形成するために足る合理的な基礎を得るために、…監査要点に適合した十分かつ適切な監査証拠を入手しなければならない。[監査基準第三─2]

● 組織的かつ計画的に実施される

161

システム監査用語	定義	例示[出典]	コメント
基準 きじゅん	standard 何らかの行為のもととなるきまり。標準も同意。	（基）本基準は、情報システムの信頼性、安全性及び効率性の向上を図り、情報化社会の健全化に資するため、システム監査に当たって必要な事項を網羅的に示したものである。[旧｜主旨]	旧システム監査基準、基準といいながら、監査実施の方法についての規範が貧弱である。たとえば、実践規範として、本調査では、監査人自らの判断に対する根拠を明確にするためにどのような証拠を集めるべきか等について記述されていなかったが、平成16年の改訂で、システム監査基準とシステム管理基準に分け、システム監査基準に規範性のある条項を集め、システム管理基準に判断規準を示すようにした。
規準 きじゅん	criteria 何らかの判定をするためのきまり、判断手段。 判定基準であることを一般的に説明する場面での規準をいう。[環境報告書保証業務指針]	（基）システム編と姉妹編をなすシステム監査基準に従って監査を行う場合、原則として、監査人が監査上の判断の尺度として用いるべき基準となる。[1. 前文]	システム管理基準と「基準」という字を使っているが、内容は規準となっている。
認証 にんしょう	certification 調査人（審査員）が、あるものの行為の結果としての言明が規準に合致しているか否かを判定し、その結果を格付として公表することをいう。	認証には以下の特徴がある。 ● 証明行為である ● 証明は行為者の言明に対して述べられる ● ある規準あるいは規格に照らして判定される ● 規準がない事項については判定しない ● 格付けをする場合が多い	認証は審査と密接に関係している。審査することは言明には必須である。コンサルは言明が必ずしも必須でないことと対照的である。特定個人情報保護評価画指針である。個人情報保護審査会または個人情報保護審査会による点検を受けるものとすると規定している。

用語	定義	例・基準	備考
認証 (にんしょう)	authentication, certification ログイン時などに、正当な資格者であることを証明する手続をいう。	(基) 適切な認証がないと、データの改ざんや不正な参照が起きる。[追 IV 3 (3) ②]	認証の対象が人の場合(本人認証、相手認証)と、人以外の場合(ドメイン、メッセージ、時刻など)がある。相手認証を authentication といい、第三者認証は certification という。
認可 (にんか)	authorization 一定の操作する権限を与えること。		通常、認証と認可はほとんど同時に実施される。
レビュー	review 批判的に検討すること。 会計監査では、限られた監査技術を用いて中位の水準の保証を付与するものを言う。	(基) プログラム設計書及びテスト要求事項をレビューすること。[III 3 (4)]	保証の程度が監査よりは低いというあいまいさを有するので誤解を招きやすい。
自己点検 (じこてんけん)	self assessment 評価される者が自ら評価すること。	(例) 特定個人情報保護評価書(全項目評価書)のIVその他のリスク対策① 自己点検で②監査の前に実施されることが想定されている対策。	重点項目評価書の中で自己点検と内部監査と外部監査が実施されているかどうかを回答する様式になっているが、自らを監査することは有り得ないので、ここは、監査が実施できない場合にはせめて自己点検だけでも実施するべきことが求められていると考えるべきであろう。
自己評価 (査定) (じこひょうか (さてい))	self assessment 同上		

システム監査用語	定義	例示 [出典]	コメント
コントロール・セルフ・アセスメント	control self assessment 定義は右の通り。	（定）内部統制の有効性について、組織や業務の運営を担う人々が自らの活動を主観的に評価する手法のこと。[朝日監査法人]	自らを主観的に評価するという点で、第三者が客観的に評価する監査とは異なる。内部監査も監査客体から独立した第三者が実施する点で監査客体に属することとなる。
コンサル	consulting business etc. コンサルタント業 職業的専門家が、依頼事項に関して助言、勧告し、あるいは改善策の策定に携わることをいう。 依頼者から相談された内容を分析・診断し、課題を明らかにして解決策を示す、または主体的にかかわる。 consulting, adj 諮問の、顧問資格の [新英和大辞典]	コンサルには以下の特徴がある。 ● 保証行為でない場合が多い ● 意見が述べられるが、判断規準は一般に定められたものでなくともよい ● 意見は説得的であれば客観的でなくともよい ● 組織的かつ計画的に実施されなくともよい ● 一般的に自己の言明について損害賠償責任を負うことはない	コンサルは、依頼者のニーズに応えることが第一であるので、依頼者を満足させるという結果が大切であって、助言勧告に至る過程に意見形成のための証拠を客観的に集めることは要請されない。 監査の意義を分かりやすくするため、監査、審査（認証）、コンサルを対比している。 コンサルティングは、形容詞であり日本語の「コンサル」に対応する用語ではない。
コンサルテーション	consultation 相談、協議、諮問、診察 [新英和大辞典]		
監査人 かんさにん	auditor 監査をする者。 誰でも監査人となれるわけではなく、監査の依頼者から信頼される資質と能力が備わっていなければならない。	（基）システム監査人は、職業倫理に従い、誠実に業務を実施しなければならない。[III 2 2.3] ● 第三者性を求められる ● 意見を報告する（信明の伝達） ● 総合的な意見を求められる ● 総合的な意見を表明するために高度な	

コーディネーター	coordinator 対等な立場で調整する者。	知識と経験を求められる ●計画的・組織的な取組みが求められる立って。	
ファシリテーター	facilitator 手助けをする者。	例えば、ベンダーとユーザーの間に立って。 例えば会議などで、議論が円滑に進むよう調整する進行役、盛り上げ役。	ファシリテーターが、主体的に意見を述べたり議論を引っ張るのではなく、メンバーの意見を引き出しを促進することが重要。
言明 げんめい	statement あるものの行為やその行為の結果としての情報を明確に記述すること。	(具) 会計監査での財務諸表、特定個人情報保護評価制度での全項目評価書。	
保証 ほしょう	assurance 他の者の行為やその行為の結果としての事実について一定の責任を請け負うこと。	(基) システム監査人は適切かつ慎重に監査手続を実施し、保証又は助言についての監査結果を裏付けるのに十分かつ適切な監査証拠を入手し、評価しなければならない。[IV 3.3.1]	監査における assurance の保証とは、ある事について自信、確信をもって意見をいうこと。心配、疑念を取り除くための意見を言うこと。
保証 ほしょう	guarantee 確かだ、間違い無い（万一の時は責任を取る）と請け合うこと。[新明解国語辞典]		guarantee の保証とは、ある事について将来の結果、責務、状態を約束すること。例えば製品の保証、老後の保証。
保障 ほしょう	security それが守られるように手段を講じること。[新明解国語辞典]	(使)「権利（人権・生活）を保障する」[新明解国語辞典] (使) 日米安全保障条約	保険業界では、保証（年金）、保障（生保）、補償（損保）と使い分けているようである。

165

システム監査用語	定義	例示 [出典]	コメント
証明 しょうめい	attestation 他の者の行為やその結果としての事実の有無について証拠立てて明らかにすること。	(責) 巨大なソフトウェアにバグがないことを証明するのは、事実上不可能である。	システム監査でも、正しくないことを証明するのはたやすい（ひとつ例を見つければよい）が、正しいことを証明するのは難しい。
証明 しょうめい	certification 証明、認可 設定した規準や要求に合格したものとして文書などで公式に認める証明すること。[研究社 新英和中辞典]	(責) "We certify that …" ──1930年頃までの米国の会計監査の報告では、このように「…を証明する」と表現しており、「監査証明書」(audit certificate) と称されていたが、その後この文言は削除され「監査報告書」(auditor's report) と呼ばれるようになった。	金商法監査で監査報告のことを「監査証明」と言うことがあるが、これは立法時に誤訳したまま慣用的に使われている語であって、誤解を招くので、正しくは「監査意見」と言うべきである。
検査 けんさ	inspection 品物を何らかの方法で試験した結果を品質判定基準と比較して個々の品物の良品・不良品の判定を下し、又はロット判定基準と比較してロットの合格・不合格の判定を下すこと。[旧 JIS Z 9001]	(責) SE が外部委託したプログラムを検査し、一部を不合格と判定した。 (責) 個人情報保護委員会の「立入検査」	監査人も検査を行う場合があるが、あくまでも監査証拠を得るための手段であり、それ自体が目的でないことに留意したい。つまり、監査人は検体の品質を保証するわけではない。 検査は、検査する側が起点になることがある。 監査は、監査を求める者が起点になり監査する者が起点になること はない。
試験 しけん	test サンプル又は試験片などの供試品についてその特性を調べること。[旧 JIS Z 9001]	(責) 営業所に導入した ADSL の速度測定試験を行う。	ADSL のようなベストエフォートを標榜するサービスでは、合格判定の基準値は存在しないので、「試験」となる。

166

用語	定義	備考
説明責任 せつめいせきにん	accountability ある行為に責任を負う者が、その責任を果たしていることを説明することを果たすことにつながること。	(基) また、システム監査の実施は、組織体のITガバナンスの実現に寄与することができ、利害関係者に対する説明責任を果たすことにつながる。[前文] (使) 監査は、発生史的には、第三者による当事者の会計責任を解除する手段として誕生したものである。[監査の理論的考え方 鳥羽至英・秋月信二]	アカウンタビリティ、会計責任、報告責任などともいう。
可監査性 かかんさせい	auditability 監査を受ける体制が整い、いつでも監査人が必要とする証拠を提示できる状態。		
IT 成熟度 アイティーせいじゅくど	IT maturity level 代表的な定義は、CMMI（Capability Maturity Model Integration）が記述したものであり次の5段階に区分している。 ● レベル1: 場当たり的な状態 (initial) ● レベル2: 成功経験を反復する状態 (managed) ● レベル3: 文書化標準化された状態 (defined)	IT成熟度のレベルにより監査が可能であるかどうかが監査人により検討される。 コントロールがどの程度整備されているか、ルールが無くて属人的な運用がされている状況なのか、規程は明文化されているが実際には使われていない状況なのか、運用はされているが見直しがされていない状態なのか、などのレベルにより可監査性は検討される。 IT統制の成熟度としては、COBITが提供している定義がある。

システム監査用語	定義	例示〔出典〕	コメント
		● レベル4: 定量的にも管理された状態 (quantitatively managed) ● レベル5: 最適化された状態 (optimizing)	
指摘 してき	point out, indication 情報システムリスクの存在を明示すること（法規・公的基準・社内規準等に準拠していない事象及びシステム監査人の判断基準で情報システムリスクが存在する事象であると判断したものを明示すること）。[佐竹博利]	(基) 指摘事項：システム監査人が自らの判断基準に基づき指摘した問題点。[旧Ⅱ(10)] (具) OSに最新のパッチが当てられていないので、セキュリティホールが攻撃される可能性があると指摘した。	
勧告 かんこく	recommendation 提言ともいう。(proposal) 現状の被監査部門の置かれた情報システム環境から考えて社内の仕組みや基準・規定を変更する等、全社的な対応が必要であるとシステム監査人が判断した場合にその旨要請すること。[佐竹博利]	(基) 改善勧告；緊急性を要する事項とその他の事項に分けて、改善事項を整理した勧告。[旧Ⅱ(12)]	勧告は、定義にあるように監査を受けた側が必ずアクションを取らねばならない指摘をすることである「勧告」という用語を使う。 内部監査として実施するシステム監査の場合は、指摘・指導・提言という表現がなじみやすいかもしれない。外部監査人が経営者に表明する場合、「勧告」という表現で違和感はない。
改善勧告 かいぜんかんこく	同上	(基) 監査報告書には、実施した監査の対象、実施した監査の概要、保証意見又は助言意見、制約又は除外事項、指摘事項、改善勧告、その他特記すべき事項について、証拠との関係を示す	旧システム監査基準にあるように、緊急改善と通常改善とに分けて監査報告書に記載することが一般的である。

用語	英語・定義	説明
		し、システム監査人が監査の目的に応じて必要と判断した事項を明瞭に記載しなければならない。[V 3] (基) 5. 監査報告(フォローアップ) システム監査人は、監査の結果に基づいて所要の措置が講じられるよう、適切な指導を発揮しなければならない。[V 5] (具) 水滴の落下対策として、IT機器をエアコンの真下から移動させるように指導した。
指導 しどう	guidance 助言ともいう 指摘事項が発生しないまた発生しにくくする方法のうち被監査部門で対応可能なものを示すこと。[佐竹博利]	
改善指導 かいぜんしどう	follow up 改善勧告したことが、その後勧告通りに実施されたかどうかを監査人が確かめること。	(基) システム監査人は、システム監査の目的が有効かつ効率的に達成されるように、適切な監査体制を整え、監査計画の立案から監査報告書の提出及び改善指導(フォローアップ)までの監査業務の全体を管理しなければならない。[IV 4]

監査実施に関する用語

システム監査用語	定義	例示［出典］	コメント
監査目的 かんさもくてき	監査の目的とは、監査を実施すること により目指そうとしているものであ る。監査目標などと対比して特に監査 目的という場合には、監査がその存在 理由として有している究極の到達点を 指すものとする。 ただし、「目的」という語そのものは、 目指すところとか目当てという意味の普通 名詞であるので、監査報告書の中でも、 一般用語として「目的」という言葉を使 うことは問題ないとすべきであろう。	（基）「システム監査は、…情報化社会 の健全化に資することを目的とする。」 ［日］ （使）（A社の）情報システムは有効に 機能しているか。	監査目的、監査目標、監査テーマ上の 違いがないように思われる。三つの 用語の間の関係については曖昧 だ。このような定義が必要なのは、 システム監査が様々な目標を持っ ているためであると考えられる。 監査目的という語は、旧システム 監査基準の冒頭で使用されてい る。システム監査基準を尊重し て、最も抽象的な上位概念と位置 付けることとする。
監査目標 かんさもくひょう	監査を実施する際に、監査目的の中か ら選択されて、より具体的に規定された 当面の達成すべき目当をいう。	目標とは、「評価を行おうとする事項」 といった監査対象ではなく、例えば、 「安全性が確保されているか」といった 監査対象について達成されるべき命題 である。 （使）最近更新したA社の販売管理シ ステムは有効に機能しているか。	以上のように、監査目的を上位概 念と定義したので、監査目標は、 監査目的と監査テーマの間に位置 付けることとする。監査実施の局 面で達成しようとする目当てのこ とを監査目標と考える。 システム監査は固定した目的をも つ監査ではない。監査が求められ る事情や監査対象などにより、そ の目的は変るものなので、監査を 実施するにあたり、いくつかの監 査目的の中から選ばれて具体的に 記述されたものを監査目標という。

用語	定義	使用例・基準	解説
監査要点 かんさようてん	audit objective システム監査を実施する際に、監査項目を具体的に記述したものを監査要点という。 監査目標を達成するために、各監査項目について立証すべき命題を監査要点という。	（使）（最近更新したＡ社の販売管理システムで）要求定義を満たす仕様が実現できているか。 （基）（情報戦略は）情報システムの企画、開発、運用及び保守業務に係る標準化の方針を明確にしているか。[VI 1 (2)]	監査要点、監査項目が、監査での専門用語であり、監査テーマや監査ポイントは、意味を厳密に定義することなく使われている一般的な用語である。特段の意味がないなら、会計監査で定着している「監査要点」を使い、システム監査人の認識を統一することが望まれる。 旧システム監査基準では、その大半を占める実施基準が監査要点の記述に終始しているため、監査要点を羅列したものが監査基準だという誤解を生みやすくなっている。
監査テーマ かんさテーマ	監査要点（前項）に該当する。 （監査要点に馴染んでいない人に対しては、監査要点というよりは、監査テーマといった方が理解しやすいので用いる。）	（使）1. 監査目的　信頼性の高いシステム開発に向けた整備・改善を行う 2. 監査テーマ　システム開発業務、設計段階のレビュー方法の妥当性　他 3. 監査項目… 「システム監査個別計画書（作成例 6)」	監査目標が、一連の監査の統一テーマであるとするなら、監査テーマは、個別テーマに位置付けることができる。 ただし、監査目標の意味で使われる場合もあり、あいまいになりがちなので、監査目標あるいは監査要点という用語を使い分けることが望まれる。 使用例からみると、監査目的は監査目標の、監査テーマは監査要点の意味で用いられていることがわかる。

システム監査用語	定義	例示 [出典]	コメント
監査ポイント かんさポイント	監査要点と同義である。		
監査対象 かんさたいしょう	subject matter 監査対象とは、監査目的によりすでに限定されたものをいう。	(基) システム監査人は、システム監査を客観的に実施するために、監査対象から独立していなければならない。[III 2.1] (具) ●全社、本社、製造部門、営業部門など ●企画、開発、運用、保守の各業務 ●ソフトウェア、ハードウェアなど ●分散システム、EUC、エンベデッドシステム、自治体など	監査対象と監査範囲は、監査人により混乱して使われることが多く、監査報告書などの段階で意味を峻別して使うことが望まれる。 組織で区分する場合、情報資産で区分する場合、システム手法やシステム環境で区分する場合など様々な取上げ方があり、それらを組み合わせる場合が多い。
監査範囲 かんさはんい	scope of auditing, (extent of tests) 監査対象のうち選択した監査手続を適用する部分を監査範囲という。	(具) たとえば、監査対象であるソフトウェアがソフトウェア管理ソフトである場合に、監査範囲は本社第一営業部の顧客管理ソフトに絞られるといったことである。 (基) 委託又は受託の目的、対象範囲、予算、体制等を明確にすること。[VI 5.1 (2)] 管理すべきソフトウェア、ハードウェア及びネットワークの対象範囲を明確にし、管理すること。[IV 9 (1)]	監査を受ける客体を監査対象といい、監査の実施段階で実際に監査手続が適用される部分を指して監査範囲というと解釈すると、分かりよいのではないか。 左は、「監査範囲」の用例ではないが、「対象」と「範囲」が明確に区分されていない例として掲げる。

監査項目 かんさこうもく	実際の監査の場面で、選択された監査手続が実施される単位である。	（具）情報システムを構成するハードウェア、ソフトウェアといった情報資産単位、企画・開発・運用・保守といった業務単位、あるいは、経営者・システム管理者・利用者といった様々な単位で選ぶことができる。 （具）会計監査では、現金勘定、棚卸資産勘定、売上高勘定などである。	会計監査では勘定科目として一義的に定義できるが、システム監査では監査目標が様々であるので監査項目は一義的には定義できない。
		（基）(2) 実施基準 (191項目) 実施基準は、システム監査の対象である監査項目、システムの企画、開発、運用及び保守業務並びに共通業務に対する監査項目を定めている。 ［旧III基準の構成］	旧システム監査基準では、基準の構成を説明するところで監査項目という表現を使っているが、これは、「情報戦略は、経営戦略との整合性を考慮して策定している」に始まる監査で立証すべき命題であるので、監査要点と記述する方が誤解を招かないと思われる。
		（基）…システム管理基準に関連しても情報セキュリティの確保に関連する項目が挙げられているが、それぞれの項目について、情報セキュリティ管理基準を活用して監査を実施することが望ましい。［前文］	現行のシステム管理基準では、監査項目という用語は避けられている。

監査手続に関する用語

システム監査用語	定義	例示 ［出典］	コメント
監査手続 かんさてつづき	auditing procedures 監査証拠を求めるために適切な監査技術を、実施する時期、範囲、担当者などを考慮して選択し、一定の手順で実行に移すこと。	(基) システム監査人は適切かつ慎重に監査手続を実施し、保証又は助言についての監査結果を裏付けるのに十分かつ適切な監査証拠を入手し、評価しなければならない。[Ⅳ 3.3.1] (基) システム監査人は、実施した監査手続の結果とその関連資料を、監査調書として作成しなければならない。[Ⅳ 3.3.2] (使) 知的財産権に関する法規が遵守されているかが監査目標の場合：監査範囲をパソコンにインストールされているパッケージソフトに限定し、パソコン画面での購入契約書を閲覧し、パソコンのシリアルナンバーを確かめ、担当者に違法コピーをしていないことをヒアリングする。	会計監査の定義が、システム監査でも、そのままに使える。
監査技術 かんさぎじゅつ	auditing technique 監査証拠を求める手段である。	(具) 質問、視察、閲覧、観察、突合、比較、分析、コンピュータ利用監査技法等がある。 (定) 記録や文書の閲覧、観察、質問、再実施、再計算、突合や照合は、記録や文書の閲覧に含まれる。[JICPA 監査基準委]	システム監査でも、会計監査と同様の定義が当てはまる。ただ、監査技術の例示の中から、帳簿突合、勘定分析、財務分析的手続は除かれ、コンピュータ利用監査技法（テストデータ法、ITF…）などが追加されるだろう。

用語	定義	具体例・使用例	摘要	出典
CAAT (CAATs) **コンピュータ利用監査技法** こんぴゅーたりようかんさぎほう computer-assisted audit techniques コンピュータを監査の用具として利用する監査手続用のアプリケーションである。[国際会計士連盟 (IFAC) 専門用語集]	CAAT, 再実施／CAAT, 分析的手続。[JICPA IT委員会報告書第3号]			員会報告書第31号26項]
監査証拠 かんさしょうこ audit evidence 監査要点を客観的に立証する資料であって、監査人の意見形成の基礎となるもの。	(基) システム監査人が作成した監査報告書は、監査証拠に裏付けられた合理的な根拠に基づくものでなければならない。[V2] (基) システム監査人は適切かつ慎重に監査手続を実施し、保証又は助言についての監査結果を裏付けるのに十分かつ適切な監査証拠を入手し、評価しなければならない。[V33.1] (使) 某市販パッケージをインストールした複数台のパソコンで、シリアルナンバーが同一であった。		監査意見の裏付けの根拠となるもの。	
監査証跡 かんさしょうせき audit trail 監査要点を立証する監査証拠のうち、ログで監査人のみが読出しできるものをいう。	(具) アクセスログやウイルス対策ソフトのバージョンアップ履歴ファイル。 (使) システム監査ではログを利用した運用監査証跡やそれに類する追跡能力のある証拠も含めて監査証跡とし、これを活用することが現実的であると考えられる。		一般的な監査証拠の意味で監査証跡と言うのは間違っている。監査証跡は極めて情報システム独自の専門用語であるので、その違いを強調する場合にのみ使うべきである。ログは証跡（証拠）である場合に監査証拠となる。どのログでも監査証跡となるわけではない。	

システム監査用語	定義	例示 [出典]	コメント
事前協議 じぜんきょうぎ	(pilot test) preliminary arrangements 監査契約を締結する前に、監査依頼者と監査人が、監査の依頼事項を確認し監査目標を定める手続である。	(参考) 監査人は、当期の監査の開始に当たって、監査契約に係る予備的な活動として以下の事項を実施しなければならない。 ● 監査業務の継続の可否に関する手続 ● 独立性を含む倫理に関する事項への準拠性の評価 ● 監査契約の内容の十分な理解 [JICPA監査基準委員会報告書第27号「監査計画」7項]	監査の依頼事項を確認し監査目標を定める手続は、システム監査では不可欠かつ重要であるので、予備調査や本調査とは別に用語の解釈のレベル合わせをしておくことも必要と考えられる。 特に、予備調査との違いを明確にしておく意義は大きい。
予備調査 よびちょうさ	preliminary review 本調査を始める前に、問題点の背景や概要を知り、監査計画を立案するための調査をいう。	(具) 監査対象のシステムに関係する組織図、経営計画書やネットワーク構成図の入手、情報システム部門長へのインタビュー 等。	システム監査の場合も、監査計画との関係で予備調査は定義すべきであろう。
本調査 ほんちょうさ	audit 実地に証拠を入手して既知の問題点を確かめ、監査人独自の立場から新たな問題点を発見する過程をいう。	(基) システム監査は、監査計画に基づき、予備調査、本調査及び評価・結論の手順により実施しなければならない。[IV 2] (具) システム運用者に対するインタビュー、外部委託する範囲の明確化状況の確認のための契約書閲覧 等。	

リスクに関する基礎用語

システム監査用語	定義	例示 [出典]	コメント
脆弱性 ぜいじゃくせい	vulnerability 情報システムから得られる効用に伴って不可避的に発生し内在化する欠陥。[松田貴典『情報システムの脆弱性』]	(基) ITは利用者に対し業務処理の効率化・有効化をもたらすが、管理しなければ企業価値を与えるほどの潜在的な脆弱性を持つことになる。[追 II 2 (1) ②b] (具) メールとコンピュータウイルス、インターネットの利用と内部データの不正流出等々。	メールには電話やFAXにない効用があるが、コンピュータウイルスに犯されるという欠陥がある。
リスク分析 りすくぶんせき	risk analysis 情報システムを利用することに伴って発生する可能性のあるリスクを洗い出し、その影響度合を分析すること。[II (9)]	(基) リスク分析の結果に基づき、事業継続計画と整合のとった災害時対応計画を策定すること。[VI 7.2 (1)]	
リスクマネジメント	risk management リスク分析やリスク評価を行い、情報システムに内在するリスクの予防、軽減、分散等のためにセキュリティシステムを構築し、その効果的な運営を図る一連のプロセス。	(使) データセンターのリスクマネジメントを行い、火災によるリスク対策として損害補償保険に加入することにした。	
リスクへの対応	● リスクの許容 ● リスクの軽減 ● リスクの転嫁 ● リスクの除去	(具) ● まれにフリーズするが安価なクライアントOSの採用（リスク対策） ● セキュリティ対策（リスク対策） ● 保険、資源の移動（アウトソーシング） ● 接続の遮断、処理の停止	セキュリティ対策を必要としない状況である。セキュリティ対策がうまくいかないときに、リスクの転嫁を考えるのか、リスクの転嫁はセキュリティ対策の前にあるのか、リスク

177

システム監査用語	定義	例示 [出典]	コメント
リスク	risk 脅威が実現する蓋然性。災害、障害、不正や犯罪が起こる可能性。	(基) システム監査は、組織体の情報システムにまつわるリスクに対するコントロールが適切に整備・運用されていることを担保するための有効な手段となる。[前文] (基) 情報システムの導入に伴って発生する可能性のあるリスクを分析すること。[II 2 (5)]	の除去は軽減、転嫁ができない場合に採るものか……はたして リスクは、脅威が発生する確率と発生した場合の損失又は被害の大きさの関数として評価される。
脅威 きょうい	threat 情報システムに被害や損失を及ぼすおそれがあるもの。災害、障害、不正や犯罪など。	(基) 事業継続に関わる脅威が発生しても、迅速かつ確実に事業継続計画に定められた手続を実行できるようにする。[追 付2-15 (3)] (具) 地震、HDDの故障、コンピュータウイルス。	
損失 そんしつ	loss 利益を失うこと。金銭面や用役面で使われる。	(基) 情報システムの停止等により組織体が被る損失を分析すること。[VI 7.1 (2)] (使) システムダウンにより顧客獲得の機会を失うことは損失にあたる。	「損失」と「被害」は、厳格に区別しなくても監査上差し支えない場合が多いと考える。
被害 ひがい	damage 害されること。物質面や精神面で使われる。	(基) 情報セキュリティインシデントへの対応が適切に行われないと、被害が拡大する。[追 IV 3 (3) ③] (使) 火災により通信ケーブルが被害にあった。	

用語	英語・定義	(基)・(具)	備考
災害 さいがい	disaster 自然災害：地震、風水害、落雷など。	(具) 静電気、ノイズ、振動、錆、粉塵、噴火、塩害、動植物によるもの。 (基) 災害時対応計画の実現可能性を確認すること。[7.2 (3)]	人災や事故は災害ではなく障害に含める。
障害 しょうがい	fault, failures 意図的でないものをいい ●人災事故では火災、停電など ●ハードウェアでは老朽化、故障 ●ソフトウェアではバグ ●ネットワークでは大規模通信障害 ●データでは消失・漏洩 ●人にはエラーがある	(基) 情報システムの障害対策を考慮して設計すること。[III 2 (10)] (具) ●電波障害、交通事故、爆発 ●損傷、紛失、誤動作、停止 ●プログラムミス、想定誤りによる設計ミス ●チェーンメール、切断 ●文字化け ●勘違い、無知、モラルハザード	システム監査上は、軽微なもの（顕在的かつ潜在的に）は除外して差し支えない。
不正、犯罪 ふせい、はんざい	irregularities, crime 意図的なものをいい ●ハードウェアでは損壊、盗難 ●ソフトウェアでは不正使用 ●データでは改竄・消去・盗用 ●ネットワークでは踏み台、なりすまし ●人では破壊活動などがある	(基) データの入力の誤認防止、不正防止、機密保護等の対策は有効に機能すること。[IV 3 (4)] (具) ●持ち出し、侵入、改造、無権限使用、動作阻害 ●ウイルス、違法コピー、プログラム書換 ●窃盗、横流し ●否認、サイバーテロ、DOS攻撃、不正アクセス ●妨害、風説流布、非難中傷、暴露	情報システムに関する法律や判例が成熟するまでは、システム監査においては、違法である場合に限定せず、公序良俗に反するものも含めるべきであろう。

【索　引】

【執筆者紹介】 (五十音順)

うらかみ とよぞう
浦上 豊蔵 担当：第1章2 (4), 第2章3, 第3章4・コラム, 第4章2 (2)

システム監査技術者, 公認システム監査人, 大阪大学工学修士, ボストン大学 MBA, 大阪市立大学創造都市修士。

三洋電機（株）ITシステム本部部長, 監査室上席担当部長, 三洋電機ソフトウェア（株）監査部長, サンヨーノースアメリカIT担当副社長を歴任し, 全社IT戦略およびシステム監査業務を主導。パナソニック（株）に移籍後, 本社情報企画グループで海外 SOX 監査を担当。2013年より大阪大学大学院工学研究科非常勤講師, 2022年兵庫県たつの市デジタル戦略監に就任。システム監査学会理事, NPO 日本システム監査人協会会員, NPO コアネット会員。著書『IT 内部監査人』（共著, 2010年, 生産性出版）

かねこ りきぞう
金子 力造 担当：第2章2・コラム, 第3章2, 第4章2 (3)

（株）バックス代表取締役。公認システム監査人, 公認情報セキュリティ監査人, 上級システムアドミニストレータ, 情報セキュリティアドミニストレータ

システムコンサルタントとして, 情報システムの導入, 運用, 保守, 教育, 情報セキュリティの分野で活動している。NPO 日本システム監査人協会会員, BCP 研究プロジェクトおよびIT サービスグループに所属。著書に『情報システム監査実践マニュアル（第3版）』（共著, 2020年, 森北出版）

こみや ひろのぶ
小宮 弘信 担当：第1章2 (1), 第2章5

（株）大塚商会にて, 販売管理, 生産管理, 財務管理などのユーザー用アプリや業務用パッケージの開発等, 業務用ソフトウェアの上流設計工程からプログラム作成までを40年以上にわたって担当する。また, （株）アイルで, 業務用アプリや Web でのマッチングシステムなど, 開発プロジェクトのプロジェクト・マネージャーとして管理や指導を行う。1996年にBi 研究所を設立し, IT コンサルタントやセミナー講師などを歴任し現在に至る。

すずき あきひこ
鈴木 章彦 担当：編集, 校正

中小企業診断士, システム監査技術者, 公認システム監査人, IT コーディネータ, IIA：公認内部監査人（CIA）, CRMA, ISACA：CGEIT, CRISC, CISM, ほか。大阪経済大学・経営学修士（MBA）

住友金属工業（株）（現, 日本製鉄（株））にて, 情報システムの構築, 同運営管理, 関係会社〔約60社, 含む米国〕の情報システム化支援, および情報システム部門統括等に従事。退職後, 情報システム企業2社にて, 情報システム監査, 情報セキュリティ監査および研修, プライバシーマーク認定取得・更新等に従事。そのほか（財）企業経営通信学院講師, 鳥取環境大学情報システム学科非常勤講師など。

たざき たけお
田崎 竹雄 担当：第1章3, 第2章4, 第3章1 (4)・(5), 第4章2 (1)

システム監査技術者, 中小企業診断士, 情報セキュリティアドミニストレータ, IT コーディネータ

外資系通信会社等を経て, 大手通信会社にて企業の基幹ネットワーク構築に携わる。

大阪市立大学大学院創造都市研究科修士課程修了。

藤野 正純
ふじの ただずみ
担当：第1章1・2 (3)，第3章1 (1)・(2)・(3)，第4章3 (3)，用語集

公認会計士，税理士，システム監査技術者

プライスウォーターハウス会計事務所（青山）で会計監査を学んだ後，独立開業し，会計監査および税務業務に従事。ISACA大阪支部 事務局長および常務理事，NPO日本システム監査人協会理事を引き受けシステム監査の啓蒙と普及に努めた。帝塚山大学経営情報学部創部時から17年間非常勤講師としてシステム監査科目を担当。2010年4月から3期公立大学法人大阪市立大学理事。2022年6月よりレンゴー（株）社外監査役。

松井 秀雄
まつい ひでお
担当：第1章2 (2)，第2章1・6，第3章3，第4章3 (1)・(2)

システム監査技術者，公認システム監査人

日本アイ・ビー・エム（株）に入社し，SE業務を担当。主に銀行における情報システムの設計・開発・運用管理に従事するとともに，ソフトウェア資産管理やシステムリスク評価を担当。IBM Certified Professional "Systems Architect" 認定。1987年以降，会社勤務の傍ら，システム監査を研究。退職後，公認システム監査人育成セミナーの講師や地方自治体向け情報セキュリティ研修の講師を務めるとともにシステム監査に従事して現在に至る。著書に『情報システム監査実践マニュアル（第3版）』（共著，2020年，森北出版）

松田 貴典
まつだ よしのり
担当：第4章1・4・コラム

大阪成蹊大学名誉教授・学園評議員，大阪経済法科大学客員教授，大阪公立大学大学院非常勤講師

博士（国際公共政策 大阪大学），技術士（情報工学部門），公認システム監査人ほか

日本ユニシス（株）（現BIPROGY（株））にて，システム設計開発，システム化推進部長兼システム監査室長主席プリンシパルなど。退社後，技術士事務所を設立。大阪市立大学（現大阪公立大学）教授，大阪市立大学大学院創造都市研究科教授（その後，特任教授，現在は非常勤講師）を経て，大阪成蹊大学現代経営情報学部教授，大阪成蹊大学副学長・学園理事を歴任。その他，さまざまな社会委員を歴任。著書に『情報システムの脆弱性』（1999年，白桃書房），『ビジネス情報の法とセキュリティ』（2005年，白桃書房）ほか。

山口 雅和
やまぐち まさかず
担当：編集，校正

日々創発 代表，兵庫県立大学 応用情報科学修士，Certified Information Systems Auditor，Project Management Professional，Certified SAFe® Agilist，ITコーディネータ，医療情報技師

イノベーションを創発する組織開発や事業開発コンサルティングを中心に研修・講演活動等に従事。第三者委員会，大学院非常勤講師の委嘱等。元ISACA大阪支部理事，BRMI Japan Community of Interest Leader，ISACA大阪支部会員，PMI日本支部会員，IIBA日本支部会員，ほか。著書に『IT内部監査人』（共著，2010年，生産性出版），『医療プロジェクトマネジメント』（共著，2014年，篠原出版新社），『教育プロジェクトマネジメント』（共著，2017年，大学教育出版）ほか。

【編者紹介】

NPO 法人情報システム監査普及機構

NPO 法人情報システム監査普及機構（J-AISA）は，保証型情報システム監査の普及に関する事業を行うとともに啓蒙活動を行い，情報システムの信頼性・安全性・効率性を向上させることで社会に寄与することを目的に，2014 年に設立。

メンバーには，企業等の経営者，情報システム担当者やシステム監査の実務者，公認会計士，大学教員等が在籍している。

　［事務局］

　〒 540-0033　大阪府大阪市中央区石町 1 丁目 2-1

　URL：https://j-aisa.jp/

2022 年 9 月 15 日　　初版発行　　　　　　略称：保証型システム監査

保証型システム監査の実践
―システム監査業務のさらなる深化に向けて―

編　者　ⒸNPO 法人
　　　　　情報システム監査普及機構

発行者　　中　島　治　久

発行所　同 文 舘 出 版 株 式 会 社
　　　　東京都千代田区神田神保町 1-41　　〒 101-0051
　　　　営業 (03) 3294-1801　　編集 (03) 3294-1803
　　　　振替 00100-8-42935　　http://www.dobunkan.co.jp

Printed in Japan 2022　　　　　　　　DTP：マーリンクレイン
　　　　　　　　　　　　　　　　　　印刷・製本：三美印刷
　　　　　　　　　　　　　　　　　　装丁：(株) オセロ

ISBN978-4-495-21040-3